LA GRANDE
CABALE DES JUIFS
DE PLOTZK

Du même auteur

Le Temps des traces, poèmes, P.-J. O / Action poétique, 1976.
La Morenada, roman, Le Seuil, 1979.
Le Dernier des Conquistadores, roman, Fayard, 1982.
La Chasse à l'hermine, nouvelles, Fayard, 1983.
Le Montreur et ses masques, nouvelles, Mazarine, 1986.
Ouroboros, roman, Fayard, 1989.
Architecte des glaces, roman, Éditions de l'Aube, 1991; Stock, 1995.
Rue de la Mort et autres histoires, Critérion, 1992.
Lettre de l'antiméridien, textes brefs, Critérion, 1992.
Le Nain Géant, roman, Stock, 1993.
La Fenêtre aux ombres, conte chinois, Dumerchez, 1994.
Le Troisième Faust, roman, Stock, 1994.

TRADUCTION ET PRÉSENTATION

Georg Trakl, *Œuvres complètes* (en collaboration avec J.-C. Schneider), Gallimard, 1972.
Poètes baroques allemands, Maspero, 1977.
Georg Trakl, *Crépuscule et déclin* suivi de *Sébastien en rêve,* Poésie / Gallimard, 1990.
Erich Arendt, *Nuit des Cyclades,* Orphée / La Différence, 1991.
Catharina Regina von Greiffenberg, *Par le destin le plus contraire,* Orphée / La Différence, 1993.

Marc Petit

LA GRANDE CABALE DES JUIFS DE PLOTZK

roman

Stock

Cet ouvrage est paru initialement en 1978
aux éditions Christian Bourgois.

AVERTISSEMENT

Écrit vite, sous la dictée de l'inspiration, par pure nécessité, ce livre contient quelques passages qui, isolés du courant qui les emporte, pourraient choquer ou blesser certains lecteurs.

J'ai préféré ne toucher à rien (exception faite de la recette de la carpe à la juive, nettement améliorée) pour ne pas rompre l'unité du texte.

M.P.
janvier 1995.

« DANS LA VILLE DE PLOTZK, LE RABBIN SHAPIRA, LE « TZADDIK » LOCAL, FUT CONDAMNÉ À MORT PAR UN TRIBUNAL POLONAIS ET EXÉCUTÉ EN 1919 POUR AVOIR, PRÉTENDAIT-ON, ENVOYÉ DES SIGNAUX LUMINEUX SECRETS À L'ARMÉE ROUGE QUI AVANÇAIT. »

Walter Laqueur, *A History of Zionism*, trad. franç., p. 482.

La table mise, nappe de neige dans la lumière jaune, le mur sombre.

Des mains dans le silence. Deux ailes de papillon qu'il écarte de ses mains.

Eux en silence, assis, ne bougent plus : le chandelier au bout de la longue table.

Derrière la porte ouverte il y a un puits noir. L'escalier invisible tourne comme une vis.

Oreilles droites plus grandes que les gauches, têtes qui s'étirent vers l'embrasure noire.

Ecoute, écoute plus grand, plus épais le silence, creuse plus fort et le prophète Elie revient, marche qui craque.

Porte d'entrée. Premier. Deuxième. Pieds qui se prennent dans quelque chose. Une voix d'ivrogne insulte dans la nuit.

Quelle deuxième scène, quoi avant, quoi après. Bien sûr il suffirait d'aller plus loin vers n'importe où. Bien sûr, prendre une image, n'importe laquelle, tordre l'instant, forcer l'instant à la prière, tête ridée : dans une goutte de vin tombée sur la cuillère, un, deux, trois, douze, dénombre, regarde-les toute la famille assis à table avec le lustre ; et même le petit chat qui s'en fout sous la table, sa dernière griffette aussi voilà elle est sauvée, son plus infime miaulement ou tremblement de patte, sauvés flottés dans cette bulle de Noé devenue cristalline à un moment perdu du temps qui n'existait pas, lorsque cassé comme une noisette l'éternité sortira de sa gangue et tous les temps recomposés, avant après, dansent dans les couleurs de l'agate dans ta main.

Luftmensch, Haïm la bûche. Haïm Klotz, homme de buée. La mère a passé les poignées des portes au miror : vise ton pif, énorme, dans les sorcières de laiton jaune.

Voiler les miroirs, Ex. 20,4, se détourner des yeux des autres. Rester seul devant l'invisible avec la liberté d'allure d'un chien. Le jour du jugement est tout de suite si tu le peux, toi transparent sous ce regard d'un vide qui scrute.

A ce moment, oui, Reb Sapir eut un geste de défense. Les Polonais l'avaient emmené au service central d'anthropométrie pour lui tirer le portrait. Mais lui obstinément fermait ses yeux sous les flashes, malgré les insultes et les coups (menottes aux mains, il ne pouvait cacher sa tête). Voyant la scène, le commandant dit d'arrêter, ça suffisait : après tout, aucun règlement ne prescrivait des yeux ouverts. C'était un noble, pas un chauvin, une espèce d'*Européen.* Avait des terres à Ciechanow, comte Emmerdito-Trafalgar. Il dit, et juste à ce moment voici que l'autre ouvre les yeux. Là, j'imagine son regard : plusieurs versions. En écartant la trouille (Reb Sapir parlait polonais), ça pouvait être de la provocation. Ou bien autre chose. Ou bien les deux. J'affirme : en ouvrant les yeux, Reb Sapir est allé contre ses principes. Ouvrir les yeux. A cet instant précis, je crois le voir se détacher. Il tourne, osé-je le dire, tourne le dos, le dos à Dieu et à sa loi, dit non à la défense courageuse, oui à quoi ? Dit non au comte commandant ; Reb Sapir n'est pas entré à reculons dans l'Histoire ; y est entré à contretemps et décalé donc de plein fouet ; le dos tourné, oui, je le pense, magnifiquement agressif et soumis, façon de répondre oui à quelque injonction invisible, avec des yeux absolument *normaux* qui se posaient sans achopper sur les visages des sbires, les murs : telle est ma façon de raconter, fin du début, comment le dernier tzaddik est sorti dans l'Histoire.

Un autre son de cloche dans les grelots des Boudienny.

Tu imagines des chevaux vifs : pas du tout ça. Aucune tradition de monte chez ces jeunes gens disparates dressés au plus vite à combattre : à tuer plus qu'on ne meurt, sinon on est battu ; ici pas d'élégance à casoar, pas de baroud.

Tu imagines peut-être du bétail cosaque à concours. Regarde sur la carte la Cosaquie et cherche Plotzk. Tous les lacs de Mazurie vrombissent de cousins. Au pays des bestioles, on n'anglaise pas les queues des canassons. Quand les dadas furent dévorés, vaches, ânes et dragons servirent aux Rouges de monture.

Ainsi s'explique le repli des glorieuses troupes varsoviennes. Les paysans déguisés en soldats, catholiques et superstitieux, prirent peur à l'aspect de ce troupeau d'apocalypse. L'aristocratie polonaise, vexée de combattre un zoo, se retira pincée sur des positions stratégiques prévues à l'avance : ses châteaux.

Les Russes auraient bien ri s'ils avaient compris la situation stratégique. Initialement surpris, les commissaires politiques s'efforcèrent au plus vite d'analyser le phénomène en termes de lutte des classes. Bien entendu, ils réussirent. La guerre, devenue sérieuse, empira. La Pologne innocente et désolée du père Ubu devint ainsi, l'espace d'un raisonnement dialectique, proie de l'Histoire. Regonflés d'orgueil, les Polonais défaits reprirent du poil de la bête. La gauche attaquant à droite, la droite contre-attaqua à gauche. On se mit à lutter pour quelque chose, nationalisme ici, là socialisme ; la mort ayant enfin un sens, on mourut tout à coup davantage, avec plus d'entrain.

L'intensité du choc rendit l'opinion sourde à des murmures plus ténus.

La zone sous contrôle bolchevique était peuplée d'un grand nombre de Juifs.

Les Juifs étaient de trois sortes : commerçants, intellectuels, chômeurs.

Les chômeurs chômaient ; quand ils n'avaient plus à manger, ils mouraient de faim ; avant de mourir, ils priaient, ou bien juraient, ou se taisaient.

Les commerçants commerçaient. Avant, ils commerçaient avec les Polonais ; après, ils commercèrent avec les Russes. Ils y gagnèrent moins d'argent et plus de considération : maquignons et vétérinaires déployèrent leur compétence au service de la cavalerie.

Les intellectuels agitaient des idées. Ils étaient beaucoup plus intelligents que leurs collègues polonais : grâce au numerus clausus, seuls les esprits puissants avaient le droit de faire métier de penser. Beaucoup des ex-aequo, par manque de places, avaient même dû se résigner à étoffer la caste des commerçants, voire des chômeurs, chez qui ils dispensaient toutes sortes d'idées insolites. On vit ainsi, dans les trous les plus minables, aux approches de l'Armée rouge, des foules de petits bonshommes crasseux, barbus à lorgnons et chapeaux noirs, sortir comme des fourmis des arrière-cours du ghetto ; chargés de bouquins jaunis, brandissant des liasses de papiers et de diplômes, ils grimpaient en sautillant sur des estrades improvisées et débitaient en russe, polonais et yiddish d'interminables discours élucubrés à la lueur jaunâtre des quinquets.

Je vois Haïm Lanski au pied de la caisse à savon. Timide, il s'est caché derrière un énorme boucher : deux oreilles velues, le crâne chauve le protègent comme des créneaux. Comme l'estrade paraît haute et celui qui parle petit ! Redingote noire, pans trop larges qui battent au vent sous le ciel jaune. Au bras, un grand parapluie noir bat la mesure des paroles. Un enfant pleure, les grands rient et battent des mains, on n'entend presque rien de ce que dit l'homme au parapluie noir, qui parle contre le vent en agitant les lèvres comme dans un film muet ; mais la petite foule, émue, qui n'entend pas, avec quelle attention elle s'accroche à ses gestes ; Baer le guignol, Baer le prêtre, Baer de Lvov qui s'agite comme une marionnette au bout de longs fils invisibles.

— Non, dit Nathan. Aucune main ne nous gouverne. Ni main humaine ni main de Dieu. Même si ce que je dis est faux. Ces ordres exécrables, nous avons assez frémi. Rompons le fil.

— Bravo, dit Reb Sapir, le Golem fait de beaux discours. Viens voir le Rabbi Loew, ouvre ta bouche, plus grand, tiens, voilà le papier, maintenant essaie de dire a !

— ahahaahaaahaaaa.

— Ecoutez-le beugler, il beugle, et il s'imagine qu'il dit a.

— Reb Sapir de mes..., le Golem te dit...

— Vraisemblable : son dernier mot avant de tomber en morceaux.

— Tu es de la... et tu retourneras à la... C'est écrit. Oui, nous tous. Tous sauf ce Monsieur, ici, il dit « seigneur » en polonais, sauf ce *brigand* tzaddik que vous payez pour qu'il dise « a ».

Hilare, le rabbin. Il tourne autour de Schoeps bête curieuse, recule, tourne sur lui-même en regardant chaque assistant, revient vers Schoeps :

— « Tu l'as dit toi-même, tu vois. »

Haïm Lanski n'est pas savant. Beaucoup moins savant que Mendel, que Menahem et Kosowski, moins savant que Nathan Schoeps et le rabbin Sapir. N'aurait rien compris, sans doute, à ce que disait l'homme en noir, même s'il l'avait entendu. Qui sait : avec ce vent, lui-même peut-être ne s'est pas entendu, qui n'entend pas ne comprend pas, ne s'est donc peut-être pas compris. Comme tout cela paraît un rêve. A Varsovie, un jour, dans un faubourg de Varsovie, l'après-midi au petit théâtre, avec Maman : les marionnettes magiques qui bougent et sa petite main dans la grande. Haïm demanda à sa mère si c'étaient des poupées vivantes. Y a des bonshommes qui les tiennent, chuchote un petit Polonais. Personne sur scène ni dans les combles, Maman keskidi, réponds-moi. Je ne sais pas, tais-toi, regarde, je ne sais pas, je ne sais pas. Ta petite main dans la grande, aussi petite en vérité, main usée, passage populiste, toute la magie toute la vie tenant là-bas devant dans cette main ici à gauche chaude rugueuse, ici partout dans cette main de toute petite bonne femme, maintenant je sais, si grande, si grande.

Il doit maintenant faire nuit. La foule ne s'est pas dispersée : de petits groupes s'assemblent, amis et inconnus, s'assemblent et discutent dans un bourdonnement.

L'homme en blouse, yeux gris-bleu, c'est à Haïm qu'il dit, voilà. C'était en dix, dix-neuf-cent-cinq à Kichinev. 1905. C'était vers 1905 à Odessa. Autrement qu'ici, une grande ville.

Il dit à Mendel : ville fameuse. Il y a eu la Révolution. Odessa est une ville juive, pas un shtettl comme ici, une *ville* grande comme une ville russe, avec des Juifs. Pas uniquement des Juifs, mais avec des Juifs *respectés.* Je voulais être kantor. Une ville avec des choules grandes comme des, tu m'excuses, avec des synagogues grandes comme des cathédrales. Des orgues, tout. Je voulais être kantor à Odessa. Même que les goyim venaient écouter la musique. Des choules avec des orgues, des goyim *cultivés.* En 1905 il y a eu la Révolution. Eh bien tu m'entends, dans les choules qu'ils sont venus, un gars splendide. Un type, mon vieux, un boulanger, dans la choule qu'il a fait un discours et même le rabbin l'a écouté, même le rabbin. Voilà, il dit, je suis boulanger. Un gars énorme, complètement roux. On va les prendre comme de la pâte. Non, pas Kichinev, Odessa. On va les prendre comme de la pâte et te les foutre dans le pétrin. Dans le pétrin. Te les y foutre et les pétrir. Comme ça, grand geste. Et puis au four. Il parle yiddish. On a besoin de vous, qu'il dit. De vous, tous les travailleurs juifs. Grand geste. Est-ce qu'il y a ici des gens qui ne sont pas des travailleurs. Tout le monde rigole. Y en a-t-il, oui ou non. S'il y en a, un geste comme ça, écoutez voir, on a aussi besoin de vous. Un Juif qui ne travaille pas travaille assez en étant juif. Maintenant écoutez-moi tous, Odessa en 1905. Mardi c'est la grève générale. Est-ce qu'il y en a qui ne comprennent pas ce mot. Dans le four. Moi je suis d'accord avec Baer. Voilà ce que j'avais à dire.

J'imagine. Plotzk, Lomza, Loutsk, Jitomir, Apt. Berditchev. Des villes quelconques, Lubomir, clochers de bois châteaux baroques, perdues dans l'étendue d'hivers trop froids, d'étés trop chauds. Komarno, Drogobitch, Kotzk, Wladimir, Sadagora. A l'équinoxe, en quelques jours l'année bascule, Gorodenka. En quelques jours fendre le bois, des tas immenses jusqu'au ciel. Baligrod, Bratzlav, Tsiekhanovits. Fin mai filles et garçons se balancent dans les buissons. Pinsk, Oustiloug, hivers violets de neige, écrasant juillet-août aux céréales brûlées. Rovno. Mendel au milieu des orges ; debout sur le chemin, plus haut vrai ciel de lit le bleu ventru, nuage d'orage. La terre a soif, pense Mendel, encore une fois. La terre a soif. Passage grinçant d'une carriole sur la route de Leczyca.

Les communautés juives de Pologne n'attendaient pas un miracle des Russes. Leur vie était tout intérieure et quotidienne ; hommes mûrs, femmes, esprits pieux se tenaient à l'écart de la politique, préoccupation de goyim. On se rappelait encore volontiers comment l'apparition de Napoléon, plusieurs générations plus tôt, avait aggravé les querelles intestines d'une communauté déjà bouleversée par le schisme hérétique et l'irruption du hassidisme.

Les Juifs polonais méprisaient les Juifs russes : ils les trouvaient impies, modernistes, fumeux. Les Juifs russes le leur rendaient bien, jugeant les Polonais crasseux, incultes, voleurs. Les uns et les autres néanmoins s'entendaient pour médire des Juifs allemands, bourgeois snob à moitié chrétiens qui ne parlaient ni hébreu ni yiddish. On ne pleura guère, ni d'un côté ni de l'autre, la déconfiture des espoirs du Kaiser ; on se réjouit franchement, sans préjuger de l'avenir, de la chute du tsar-boucher. Réaction, disons-le, de vengeance, c'est ainsi. J'ai un oncle, disait l'homme d'Odessa, un oncle dans un bled paumé près de Loutsk. Quatorze ans il avait quand les Cosaques sont venus. Vingt-cinq ans de service pour la gloire du Petit Père. A quarante ans il est revenu, un homme blessé, usé, fini. Il s'est marié, dix enfants. Mort trisaïeul à cent sept ans. A enterré trois tsars, mon oncle. Un yiddl pas plus grand que ça.

Tous les gars de Plotzk ont à dire. Parole qui déborde, s'enfle plus violente que les larmes. Moi, dit Mendel, mon père n'était qu'un gamin. Mon père est parti à la ville voir un cousin pour du gingembre. Confiseuse elle était, ma grand-mère. Mon père est revenu le soir. Tu ouvres ton journal, regarde, page 17 ou G, essaie de voir. Au couteau, des polaks, chrétiens. De pauvres bougres, même pas condamnés, même pas. N'ont pas eu ça de leur vie : leur justice. Ils sont morts comme des chiens, en paix.

Menahem : — moi, mon père. On est de Lomza, garnison. Le soir les Cosaques, l'armoire contre la porte. Sept filles. Des soirs entiers, dès quatre heures, plus de lumières, il faut se taire. Voilà ce que mon père a vu : un type. Oui, un goy, un inconnu, un de Moscou, trente ans même pas. Il s'est fait engager comme garde du corps du gouverneur. Sept ans qu'il a passés sur le marchepied du seigneur. Un jour, à Pentecôte, il lui a foutu trois bons coups. S'est pris la vie lui-même pour ne pas dénoncer les autres. Mon père n'a rien vu, les Juifs n'avaient pas le droit d'assister. Mon père disait, c'est inutile, demain un autre gouverneur, moi je crois qu'il a eu raison. Quand le tsar est tombé, le portrait, il a fallu le liquider. Note bien, Mendelé, c'était pareil chez toi, il *servait.* Quand un gosse n'était pas sage, on lui disait, non, pas un ogre, on lui disait, holà, oisillon si tu continues tu finiras comme le monsieur. Portrait obligatoire. Après il a fallu le liquider. Moi je l'ai coupé en morceaux, je voulais, pardon, tu comprends. Tout ça c'est l'histoire de mon père, avant que les Blancs le prennent. Alors mon père m'a dit, petit, qu'est-ce que tu dis quand tu, j'ai dit : moi je m'en fiche, tu sais, mais toi, toi un bon Juif, vieux con, tu dis : je te bénis Seigneur de m'avoir fait ainsi avec sept cent septante-sept petits tuyaux qui. Vieux con, je l'ai pensé, pas dit, j'ai étudié. Mon père : petit tu penseras de moi ce que tu penses déjà, mais moi, laisse-moi te dire que ça c'est sale, pense à ton Dieu. A ton image. Ne salis pas ton corps, le sien, avec cela. Ensuite les cuirassiers sont venus, le tsar brûlé. J'étais à Plonsk à cette époque. Non, n'ai rien vu.

Luftmenschen, Luftschlösser. Hommes d'air, châteaux de vent.

Les Juifs de Pologne n'espéraient rien du peuple russe. Les Juifs n'avaient, selon le Texte, rien à espérer de personne. Aucun orgueil : constatation. Un texte ancien, fondamental. Fondamental ou résumé. Mais les Russes, les Rouges, eux, avec leurs zébus et leurs zèbres, quel beau bricolage juvénile ; tout un peuple de viande saine et sans cervelle, yeux bleus, hommes doux. Ici un scrupule me saisit à la pensée de tous leurs morts. Terrible, être mort sans mémoire, sans lignée, sans rien conclure, avec l'espoir de plâtre au cœur saignant, Jésus Marie. Les Russes donc, à mort légère, avaient besoin de personnel. Pas commode de transporter dix commissaires dans chaque bled. Ce fut la grande heure de ce peuple, 1918 et 19, peuple aujourd'hui sans nom ni descendants, le peuple yid. Trois grandes nations écroulées : trois grands empereurs abattus. Un acceptable, un dingue, un monstre, chacun a des yids dans un coin : le bon petit vieux en Galicie, le momo Silésie, le reste en Podolie en Volhynie et ce que tu veux. Evaporés les bravaches. Que vont faire les peuples ? attendre. Attendre quoi ? d'autres bravaches. Mais les goyim ont un esprit si lourd que personne n'est prêt à venir. Esprit lourd, mort légère. Je suis saisi de scrupules. Alors, en attendant que les peuplades se réveillent, *id est :* qu'elles se décident à prendre conscience de classe, conscience de classe ou un nouveau seigneur, qui est-ce qui surgit comme des bulles à la surface de l'Europe ?

Qui est-ce qui grimpe sur les estrades?

A yid, a yid, a yiddel.
La Rosa et le Bela,
Landauer et Kurt Eisner,
a lied, a lied, a liedel.

Que représentaient, pris ensemble, ces agitateurs politiques.

— Une minorité de la population totale ; un courant important dans les jeunes générations.

Décrivez-nous l'orientation idéologique de ces militants révolutionnaires.

— Ces militants révolutionnaires étaient d'orientation idéologique révolutionnaire et militante.

— Leurs idéologies étaient les suivantes, par ordre alphabétique simplifié :

Juifs anarchistes.

Juifs antisémites de gauche.

Juifs austro-marxistes.

Juifs bolcheviks.

Juifs bundistes.

Juifs hassidico-nietzschéens.

Juifs mencheviks.

Juifs menchevico-bolcheviks (Lev Davidovitch Bronstein).

Juifs qui s'en foutent.

Juifs sionistes de gauche, du centre, de droite, d'extrême extrême gauche, tendances A à Q.

Juifs sociaux-révolutionnaires de gauche.

Juifs spartakistes.

Juifs anarcho-quelque chose, à combiner.

Qu'est-ce qui différenciait ces différentes catégories ?

— Des options idéologiques et militantes différentes.

Qu'est-ce qui unissait entre elles ces orientations militantes éparses.

— Un commun amour de la discussion talmudique.

A quoi tout cela mène-t-il ?

— A écrire, à écrire des livres.

Un livre, ce livre, un autre livre.

Un livre ! un livre ! un livre !

Rideau.

Près de la fenêtre aux croisées noires, et le toit bleu : deux pigeons se poursuivent en roucoulant contre un nuage. Près de la fenêtre un homme penché, vêtu de noir. Cet habit doit être un caftan. Cet homme doit être Reb Sapir. Je le vois qui se penche et ne comprends pas bien ses gestes. Reb Sapir, pas de prénom, nom pas normal pour un tzaddik. Accusé Yaakov Shapira, levez-vous. La tête penchée, tête maigre barbe pointue, penchée à droite ; au bout d'une manche immense et noire, trompe d'éléphant, au bout d'un long bras courbe, une main écrit. Le soir est descendu, les pigeons sont partis. Jaune sur noir, papier jaune, main blanche qui paraît jaune, main presque verte. Maintenant la main froisse les papiers, les jette plus bas.

Nuit noire. Quelqu'un a éteint la lumière. Le silence. La nuit n'est jamais noire, mais grise bleue brune violette, marbrée. Le silence n'est jamais total. Il y a toujours, quand quelqu'un quitte la parole, des bêtes bleu-gris qui grattent dans l'ombre. Papiers crispés dans la corbeille, vers blancs qui grognent sous la terre. Le silence n'est jamais pur, la parole n'est jamais vraie. L'homme est né comme distrait, oui, plus on se concentre, comme distrait, au fond de lui un grand repos remue, repos grignote. L'échec n'est jamais parfait. Quelque chose au fond de toi est moins grave que tu ne penses. Non, ce n'est pas contre Dieu que Reb Sapir lutte encore une nuit ; lutte en se retournant, sans dormir ni veiller ; repousse des pieds, une nuit encore, le tentateur au pelage gris.

Le hassidisme était alors en pleine décadence. Le peuple yid, en ces années de brève gloire ignominieuse, était à sa façon un peuple décadent. Les autres nations ignorent la décadence, n'étant presque jamais sujet de leur Histoire : elles existent naturellement, leurs malheurs sont choses végétales. Une autre remarque doit être faite touchant la décadence juive. Les grands moments du peuple juif sont des moments de décadence. Quand tout va bien, il n'y a plus de Juifs : ils s'assimilent. Par calme plat, l'esprit ne souffle pas. L'homme juif ne craint pas la crise, puisqu'il est l'homme crucial, devenu crise. Fin des remarques théoriques.

Le hassidisme polono-russe, en ces années de fin d'une ère, était en pleine décadence. Les tzaddikim, despotes locaux, gouvernaient les bourgades en sorciers héréditaires. Ils se disaient miraculeux : le miracle existait, puisqu'ils rendaient service, le goût de vivre à des masses d'hommes. Le service était réciproque. Une clientèle de pauvres en lambeaux faisait chaque semaine d'incroyables et cahoteux voyages à la recherche de leurs remèdes. Poulets, confiseries, cadeaux de toutes sortes destinés au tzaddik, disparaissaient en un clin d'œil entre les mains prodigieusement habiles d'une foule presque aussi grouillante de serviteurs et de disciples. Au milieu de la salle trônait le Juste, ses yeux blancs en extase tournés vers le plafond fumeux, tête renversée ; tout autour de lui, dans une virevolte de caftans pouffant et jurant à mi-voix, les grands paniers d'osier s'emplissaient à n'en plus finir de victuailles bariolées dont la part la plus liquoreuse, signe tangible du miracle, s'engouffrait on ne sait comment dans les fausses poches des magiciens.

Première moitié du xxe siècle entre Strasbourg et Samarkand. Combien de nouvelles vies, de morts brusques, 15 millions, 50 ou 100 ? Ombres et lumières de l'Histoire, écrit un doux folliculaire. Il y a deux sortes d'escroquerie, selon qui croque et est croqué. Celle de Job par Dieu est impardonnable : tyrannique. Reb Sapir s'entendait là-dessus avec Nathan, avec Mendel.

— Rabbi faux jeton, aimait à lui dire le premier, vous m'écœurez, mais il y a deux choses que j'apprécie en vous. La première, quand je vous insulte, vous ne vous scandalisez pas. Ainsi, me laissant dire, vous justifiez mon écœurement. La seconde : vous êtes un menteur. Comme c'est à Dieu que vous mentez, je vous trouve admirable. Vos crétins de clients ne font que vous adorer : moi, au moins, je le dis, je vous trouve intéressant.

— Tais-toi, provocateur, lui répond Mendelé. Tu es aussi fou qu'un tzaddik les pieds en l'air. *Aristocrate.* J'ai parlé avec Baer. Le type d'Odessa a raison. C'est vrai, nos tzaddikim sont des pouilleux ; mais les gens de rien, les illettrés les aiment. Pourquoi, tu vas me dire, parce qu'ils sont illettrés. Erreur. Avant le Besht, les rabbins les exploitaient autant, mais voilà : on les respectait, on ne les aimait pas. Autre monde. Le hassid aime son tzaddik parce qu'il est pouilleux comme lui. Chef du syndicat des pouilleux, pas rabbin. Voilà, moi j'en sais moins que toi sur Nitzschke, mais j'étudie. Des gens comme Baer de Pinsk pensent plus juste que toi, et tous les détritus de Faux-Messies. Dans un an, deux au plus tard, les illettrés seront hommes libres. Alors plus besoin de tzaddikim, pardon Rabbi. Toi, mon petit Nathan, tu iras faire tes gammes à Vienne ou en Turquie, comme les autres. En attendant, demain après dîner au magasin. Paraît que Lemberg est tombé. Vous aussi, Reb Sapir, les illettrés comptent sur vous.

Cadre beige, gravure gris-vert, papier piqué de lichens roussâtres. Dans le coin, en bas à droite, le verre est fêlé, la poussière. L'image représente un homme barbu, à mi-corps. Il porte plusieurs couronnes sur la tête, à gauche droite plusieurs séries d'épaulettes, de médailles. C'est drôle, cela, pourquoi Haïm n'a pas jeté l'image, pourquoi si vaine elle reste, à mi-hauteur, accrochée à son clou dans la pénombre, comme un lapin pendu chez le boucher.

Haïm a assez travaillé pour ce jour. Il a posé par terre ses outils de menuisier. Les mains dans les poches, il regarde le portrait en se balançant d'avant en arrière.

Uniformes et livrées : qu'y a-t-il d'humain là-dessous. Quelle différence entre César et son double de cire à Moscou. L'Empereur n'existait pas, peut-être, ou bien c'était un idiot, un bloc de chair qu'ils recouvraient, pour ne pas avoir peur, de ces chamarrures sinistres.

Hypothèse plausible. Bernard-l'ermite au ventre rose et mou, pour cacher cette horreur ou le sangle dans des habits de cuir et de laiton, à Ekaterinenbourg quand on les a deshabillés la viande collait après les cols. Tu es de la terre et redeviendras de la terre. En Orient il y a des coquillages merveilleux, de vrais joyaux dit Méir le colporteur, avec dessus des fleurs comme des cristaux de neige, des visages beaux comme ceux des Séraphim. Je l'ai vu faire, on les met dans le sable et la bête pourrit, dans le sable loin des maisons tellement ça sent. Le roi est mort, vive le roi. Bel uniforme imputrescible. Peaux de lapin, peaux de lapin, marchand d'habits chiffons ferrailles à vendre. Qui va à la chasse perd sa place, quand il revient il trouve Napoléon. En Orient les fiancées sont habillées comme des poupées, les mariées juives. Travaille pour enrichir ta dot. Voilà, j'ai travaillé toute ma vie et le fiancé qui ne vient pas, il est si tard, on va la marier au riche maquignon, trop tôt, trop tôt. Sara il n'est pas assez tard, attends encore, n'est pas encore assez trop tard, il n'est pas temps. Chaos, chaos. Pose le nez sur la glace et regarde ce fouillis. Regarde dans la glaise, où sont les lignes, je ne vois rien. Haïm la bûche ; et si c'était le monde qui n'était pas encore créé, tohu-bohu, ou bien peut-être est-ce le monde qui va se défaisant, cahin-caha, à mesure que nous tous bafouillons dans le vide, nous empêtrons Cahen-Kahane dans nos discours, elle est bien bonne, jusqu'à ce que descende sur nous la nuit sans rêves : atelier noir, murs et lit noirs, Haïm ferme tes yeux, fin du chapitre.

Le lendemain soir, à sept heures, se réunirent chez Mendel Léviné, employé en pharmacie, tout ce que la ville de Plotzk comptait d'esprits fiévreux. L'armée russe, ayant pris Lemberg, allait remonter vers Lublin ; les forces polonaises, hâtivement organisées, campaient bien à l'est de la bourgade ; l'incurie d'une administration toute récente, encore inexpérimentée, mise en place selon d'obscurs dosages politiques et féodaux, toléra que des zones entières des territoires à majorité juive, considérées à tort ou à raison comme dépourvues d'intérêt stratégique immédiat parce que trop distantes du front, restassent provisoirement hors du contrôle des Varsoviens. De leur côté, bien avant les événements de Petrograd, les autorités impériales, chassées par la poussée allemande, s'étaient évaporées comme des spores de vesse-de-loup. Une partie des anciens maîtres rejoignit les Blancs du front sud ; d'autres, toute honte bue, s'allièrent aux chefs nationaux polonais que soutenaient naguère les Allemands, après que ces derniers, malgré l'armistice léninien, eurent été comme on sait contraints de capituler.

Que tout ceci est vraisemblable. On n'invente pas un nom comme Plotzk. « En Pologne, c'est-à-dire nulle part », nulle part et partout, jamais et n'importe quand, raconte. Selon mes informations, le tzaddik fut condamné en 1919. Les Polonais. Mais où se trouvait le front à ce moment ? Quels Polonais ? Par exception, allez lire les chronologies de l'époque. Guerre russo-polonaise, 1920-1921. A ce moment, dans les zones conquises, les Juifs prennent des responsabilités ; à moins que ce ne soit dans d'autres circonstances. La guerre se divise en trois temps : 1920, les Polonais avancent à l'Est. Deuxièmement, l'Armée rouge touche Varsovie. 1921, troisième phase, les Polonais l'emportent, défaite russe. Shapira 1919. Les faits peuvent remonter à la fin de l'année 18. La date cependant peut être fausse, faux le nom du tzaddik, faux le nom de la ville, et l'anecdote, quatre lignes dans un livre, totalement imaginaire. En 1921-1922, c'est la famine. Vers 1922, mes arrière-grands-parents, les Libman, prénoms inconnus, sont censés être morts de faim. Libman de Loutsk, pas Loutsk mais Wladimir, Wladimir Wolinsky, en Volhynie. Les Libman étaient rabbins, pas rabbins, confiseurs, pas confiseurs, marchands de bois, marchands de bois meuniers, meuniers rabbins. Mon grand-père, Abraham, quoique né à Loutsk, était de Wladimir. Wladimir, non Loutsk, c'est une ville sur le Steir, l'hiver l'eau qu'on jette tombe gelée du seau. Seau à cornichons dans le sas. L'hiver à Lomza était si froid qu'il fallait casser les glaçons, c'est ma grand-mère qui raconte, son père était marchand de bois et la famille de sa mère avait une confiserie. Les Tchekhapolski de Lomza. Sa mère était une noble, Mohal, tribu de Lévi, il y avait eu des meuniers riches dans la famille. Mon grand-père arrivé en France changea son prénom pour Adolphe, authentique ça oui, un joli nom. Né Dieu sait où, entre 1890 et 1895, pourquoi pas à Plotzk ou Plonsk, Pinsk ou Minsk, Kotzk, Loutsk, Wladimir. Le père de mon grand-père était un hassid de Loutsk, mais y a-t-il jamais eu de hassidim à Loutsk, allez savoir. Son grand-père, un meunier, dort à l'ombre de son moulin, soudain un rêve, l'ange Gabriel lui dit, meunier tu dors, maintenant Isaac, maintenant Jacob lève-toi et marche, vite, nom de Dieu, alors le trisaïeul se réveille et se lève et juste à ce moment une grosse pierre détachée du moulin tombe là où il dormait, juste à la place de la tête. Voilà à quoi Adolphe a dû de pouvoir lire *l'Aurore* et moi d'être normalien, fin de l'incise. Soyons précis. En admettant que Shapira ait été dit tzaddik de Plotzk, cela prouve-t-il que la réalité des faits ait quelque chose à voir avec ce que n'en dit d'ailleurs pas Elffenbein Jean, tome I, c'est lui que j'évoquais plus haut, escroc moi-même, fumiste avec mes Boudienny, c'est fait exprès ? Voilà, racontait mon grand-père, le second miracle de la famille, à Wladimir j'étais gelé dans mon traîneau, un petit bambin, en pleine cambrousse éclate une tempête de neige, le cocher m'a mis tout nu et j'étais complètement bleu, complètement bleu, d'énormes mains velues me frottent avec la neige, soudain je me réveille en pleurant, et l'homme qui rit. Voilà ce qui reste de mon grand-père. Il en reste ce que je veux bien raconter, je m'arrête là, ou raconter en inventant, de petites choses, je peux en ajouter encore, le bruit des seaux. Voilà tout ce qui reste de lui et d'autres, troisième miracle, depuis que dans le vide, à partir d'à peine une trace je me suis mis à raconter, escroquerie pour escroquerie, tout ce que je vais raconter et que personne ne connaissait encore, ni l'historien ni mon grand-père ni même moi, à l'heure qu'il est, quand j'écrivais ces lignes sans queue ni tête, pour continuer.

Le vingt-sept juillet 1918, vers dix heures, dans l'arrière-salle de la pharmacie juive de

Plotzk, 306 A, propriété d'Itzhak Kohen, absent des lieux, fut décidée la création d'une section locale des comités juifs unifiés d'action révolutionnaire. Trente à quarante personnes prirent part à la réunion au cours de laquelle, après lecture d'un message de Léib Baer, qui citait pêle-mêle Moses Hess, Lénine et Trotski, furent élus délégués les personnes dont les noms suivent :

Léviné, Mendel, 27 ans, marié, employé apothicaire, socialiste : président.

Schoeps, Nathan, 28 ans, célibataire, étudiant en médecine, sans appartenance politique, vice-président.

Morgensztern, Menahem, 22 ans, célibataire, appartenance inconnue, ouvrier typographe, membre du comité.

Lifschitz, Ascher, 43 ans, situation de famille inconnue, docker originaire d'Odessa, présumé communiste : membre du comité.

Teitelboim, David, 37 ans, marié, profession inconnue, sioniste ouvrier, membre du comité.

Teitelboim et Mendel Léviné, contre l'avis de Nathan Schoeps et du kantor, obtinrent à la majorité des voix qu'un poste de membre du comité soit réservé en son absence à Jacob Shapira, rabbin. Vitali dit Witold Kosowski, négociant, fut chargé de porter la nouvelle au tzaddik. L'assemblée, convoquée à sept heures, se sépara le mardi 28 juillet à une heure et demie du matin, aux chants de l'*Hatikwa* et de *l'Internationale.*

Je regarde une fois de plus la carte, cherche Plotzk. C'est drôle, disait Witold à Menahem, le typographe, vu ton métier tu dois avoir cette manie, changer les lettres. Moi qui ne fais rien de mes mains, je jongle tout le temps avec les lettres. Tu prends Plotzk, et hop, c'est Plonsk. Passez muscade, Pinsk devient Minsk. 1.9.1.7., 1.9.7.1. — Les Rabbis d'autrefois passaient leurs nuits à combiner. C'est un amusement instructif, un amusement bien innocent. Tu construis une machine, tu changes juste un chiffre dans Dieu sait quelle formule, et toc, voilà que le robot se met à marcher en beuglant comme un être humain. En tripotant les lettres, tu fais d'un ange une bête ou vice versa, de Satan Dieu. Un souffle sur de la poussière, voici l'homme, un souffle sur l'homme, de nouveau la poussière. Il suffit d'une pichenette, n'importe quoi ou qui est tenté. Reb Sapir répète toujours que l'Eternel n'aime pas les anges. J'ai beaucoup agité ces mots, je crois savoir. Les anges aussi n'aiment pas leur nom, ils sont venus sur terre chatouiller nos femmes pour changer un brin, laisser dire le nom des démons qui sommeillaient parmi leurs lettres. Imagine maintenant que l'esprit du mal soit tenté : par qui peut-il l'être, réponds, pas par lui-même, c'est idiot, une seule solution, par le bien. Ergo, en yiddish dans le texte, c'est bien clair, Satan doit être *tenté par Dieu,* c.q.f.d.

Désorienté par ce *pilpoul,* je reprends ma carte de Pologne et cherche un nom qui n'y est pas, non plus que dans le Larousse du 57e siècle. Martin Buber écrit Mesbiz, Elie Wiesel dit Medzebozh. Un peu plus loin, on a le choix entre deux chemises d'archiduchesses : Przysha, Pzishkhe. Soit. J'ai envie à mon tour d'interpeller Witold et de lui dire, va vieux farceur, vieux camelot babylonien, à quoi sert d'avoir *une* langue si c'est pour dans chacun des mots découvrir de l'ambiguïté. Quand, vers minuit, Sapir ne trouve pas le sommeil, il récite l'alphabet suivant l'exemple du Baal-Shem-Tov. Le Baal-Shem-Tov n'avait pas de demeure, le Baal-Shem-Tov était un colporteur, un porteballe comme Méir, un marcelot de Podolie, de n'importe où et nulle part, Mesbiz-Medzebozh, chaos, parlez plus fort. Le pire est l'unité qui stagne, Dieu a créé, le pire est le chaos qui stagne, le même qui persévère en soi oreilles bouchées. Si tu vois plusieurs choses, essaie d'unir, c'est le meilleur. De deux bois morts, fais comme le Besht un feu vivant, surprends les choses. Mais méfiez-vous, quand l'alliance dure, des pièges de la durée, de moi. Quelqu'un dort-il en paix, il faut le réveiller. Moi-même, moi-même Jacob Sapir, votre tzaddik, je suis bien las. Vous me fatiguez, mes enfants, avec votre amour qui me pèse, votre confiance m'étouffe, je suis comme mort. Je vous en prie, assez pour aujourd'hui, partez —

Murmures. Silence.

Reb Sapir n'était pas venu chez Léviné. L'invitation de Mendel était un geste politique, un geste de pure forme, donc inutile, pensait Nathan. Le jour de la réunion, le tzaddik de Plotzk reçut comme à l'accoutumée ses hassidim. Yaakov Shapira n'était pas un maître célèbre, sa cour n'atteignait pas en nombre celles des grands tzaddikim de Kotzk ou de Lisenzk. On ne peut donc véritablement appeler scandale ce qui se passa ce soir-là, 27 juillet 1918 ; cet incident, en lui-même mineur, mais bien révélateur de la crise morale de l'époque, qu'aucun historien sans doute, l'eût-il connu, n'aurait jugé bon de rapporter. Les faits tiendront en peu de mots : prétextant sa fatigue et l'insécurité des chemins, le tzaddik Shapira, de Plotzk, congédia jusqu'à nouvel ordre ses clients et disciples. A chacun, il rendit son cadeau, brusquant même, certains parlent d'un tabouret renversé, de menaces, ceux d'entre eux qui le priaient d'annuler sa décision.

Le procureur de Varsovie, en quête d'indices à charge, ne se fit pas faute de relever l'étrange concomitance des deux événements. Force est pourtant de constater que Reb Sapir, après l'esclandre, s'enferma chez lui sans lumière et ne reçut personne, hormis, le lendemain matin vers les onze heures, le « négociant » Witold Kosowski, repris de justice de confession israélite, présentement en fuite, qu'il mit dehors après un entretien très bref.

Dehors, tableau classique, la rumeur s'amplifiait. Dans les ruelles jaunes et puantes, le bruit sourd des petits métiers, soudainement suspendu, céda d'abord la place à un silence de Sabbat. Des courettes aux puits bancals, des entresols, des échoppes noires, sortirent alors doucement, par petits groupes gris et bleus, une foule circonspecte d'hommes et de femmes loqueteux. Le ghetto du shtettl, qui de nous ne le connaît pas, qui n'a pas entendu en rêve sonner ses pas sur le pavé des cours perdues, dans la poussière d'un soleil plus vieux que la nuit sans lanternes ; derrière les portes entrouvertes des boutiques basses où tout est sombre, un ou deux vieillards barbus courbent éternellement leur dos sur un ouvrage que nul ne voit ; au milieu d'un amas de marchandises indécises, caisses, sacs et rouleaux de couleurs noires, ils déchiffrent à voix basse des grimoires de comptes, le geste craintif et étriqué, rituellement presque immobiles. Une angoisse indéfinissable gagne l'étranger qui s'avance le long des venelles désertes, jetant à pas de chat, sur ce monde de conspiration, de brefs regards obliques d'homme qui traque, d'homme traqué. Quelque chose de cette angoisse flottait dans les rues de la ville lorsque les Juifs de Plotzk, dans ces longs jours d'été de l'Europe orientale, se retrouvèrent soudain, par la force des choses, maîtres de leur destin et maîtres du pays.

Depuis longtemps, les Juifs attendaient leur délivrance. Beaucoup de ceux qui voulaient vivre libres étaient partis, plus loin encore, vers quelque Occident inconnu. Ceux qui restaient, de plus en plus réduits à la misère, vivaient au jour le jour dans l'attente du miracle. Groupés autour de leurs Rabbis, orthodoxes et hassidim ne songeaient pas plus que les jeunes sionistes à prendre en charge le destin des populations polonaises. Tout, sauf la pauvreté, les séparait de leurs voisins. Polonais : paysans incultes, catholiques superstitieux. Pas d'élite avertie hors des grands centres urbains. Le joug ou la révolte, le crucifix ou la wodka. Les Juifs, nombreux, restaient entre eux, se méfiaient. Bout-de-bois et wodka favorisent les pogromes. Voici pourtant que sur la carte, années confuses, frontières vagues, un blanc de terre inexplorée gagne ces zones sans statut. Dans ce pays dépossédé, laissé en état d'anarchie, un pouvoir léger comme du rêve s'offre à qui est là pour le prendre. C'est ainsi qu'un 28 juillet, pourquoi pas un 28 juillet, à Plotzk ou Kotzk ou dans quelque autre ville, l'année importe peu, 18 à 20 —, une poignée de jeunes Juifs, réunis la veille en secret pour mettre en commun leur attente, leur espoir d'aplanir les voies d'une Histoire juste, montent à leur tour, par un soir jaune, sur quatre caisses de savon ; improvisent pour une foule en loques, hommes en blouse, vieux en caftan, de longs discours dont on ne comprend que des bribes — du calme, gardez le calme, tirades fiévreuses, gestes des bras, crient le mot de victoire à une foule éberluée.

Haïm a vu le discours de Mendel. Haïm Lanski se cachait dans un coin, à l'abri des oreilles et du crâne du boucher. Haïm regarde le portrait du Tsar, il fait presque nuit, le hibou. Haïm n'est pas un vrai hassid, n'est pas savant comme ceux qui parlent, c'est un petit scieur de planches de village. Haïm n'aime pas le Tsar, mais il aime son habit. Autrefois, il y eut un grand tzaddik à Sadigor, Maman raconte. Jamais on n'a connu un Juif si riche, si grand, si beau. Trois mille hassidim venaient à Sadigor écouter sa parole, toucher le velours de sa traîne. Un jour le tsar lui-même, Reb Sapir le raconte, le tsar en personne est venu à ses pieds se prosterner, prendre conseil. Haïm l'a répété à Nathan et à Menahem, trois mille hassidim et un tsar, pourquoi rire. Notre tzaddik, Nathan se moque, notre Sapir est un pouilleux. Iacobus rex, c'est du latin, rex pediculorum, amen. L'homme est un pou pour l'homme, a dit un philosophe anglais. Quelle obsédante obscénité, vrai tout ça traduit du yiddish. Pour un hassid, dit Nathan Schoeps, le tzaddik est toujours un roi. Dommage que je n'étais pas là pour te montrer ses puces, celles du tsar. Naphtali, juif, ine, suffixe russe, Naphtaline, un Juif russe, c'est le nom du Messie. Mendel Lévinė Napthaline, pharmacien, destructeur de mites. Schoeps Lévinė et compagnie, suppriment la mite au logis. Mais lui debout dans le soir jaune, Haïm l'a vu, si jeune, si mince ; Mendel en blouse de potard, fils de Yankel et de Léa, ombre qui se penche grise audessus de mains qui se tendent, agrippe les revers, discute et discute à grands gestes. Quand il a dit victoire, victoire pour les Juifs et les peuples, la foule abasourdie n'a pas réagi dans l'instant. Haïm ne comprend pas ce qui se passe, s'est passé. Partout les gens s'embrassent, maintenant la foule chante, tous crient. Les bûcherons soulèvent l'ombre grise dans les airs, Mendel perd ses lunettes, des rires, une voix crie Mendelé Mendelé tu es notre roi, sois béni. Maintenant toute la foule gronde, personne n'écoute les orateurs, tout Plotzk est dans la rue, danse et chante, le schnaps coule. On improvise des mélopées, toujours les mêmes noms qu'on scande, dans un cercle bondissant un grand ours brun couvert de cloches saute en grognant au milieu des violons. Des musiciens de village, juchés sur les caisses renversées, s'égosillent à couvrir les cris des femmes qui tournent comme des derviches, cheveux noirs dénoués et jupons en coquelicots. La fête durera toute la nuit ; même les hassidim de Plotzk, oubliant l'absence du tzaddik, agitent jusqu'à l'aube leurs papillottes et chapeaux noirs, secouent trempés de larmes les lourds pans noirs de leurs caftans ; et Mendel Léviné, perdu dans la cohue comme un fiancé au milieu de la noce, regarde sans comprendre, aussi stupide que Haïm tout à l'heure : essaie de croire qu'il a un corps, essaie de parler, Nat, Nathan, qu'est-ce que j'ai dit, qu'est-ce que j'ai fait, Rivka dis-moi —

Silence, silence.

Quelle fatigue.

Reb Sapir regarde sa femme.

Temra ne dit rien, belle et lasse, dispose sans bruit les objets sur la table.

Entre eux les mots se sont réduits, seuls quelques gestes. Ils ne sont pas devenus étrangers l'un à l'autre, ils s'entendent, façon de parler puisqu'ils ne parlent pas, tous les deux pris ensemble comme deux bulles d'air dans une grande banquise d'immobilité, d'indifférence plutôt, plantés sans ombre dans le vide de l'espace et du temps.

Sapir pense, pense-t-il encore à l'heure qu'il est, ressonge aux deux visages de l'Eternel, l'homme et la femme.

Papiers, papiers jaunis, le couple imite l'Eternel un et double comme chaque homme de la tête aux orteils reflète Sa figure éclatante. Quelqu'un vraiment est-il en faute si chaque jour, chaque fois qu'il pense, le temps s'est usé un peu plus, l'air rouillé : toi Chekhina présente et lasse, une pile d'assiettes blanches dans les bras, toi renfermé dans ta pensée de plus en plus vide, Seigneur dérisoire sans possession et sans amour. Kadoch baroukh hou, amen, et foutu la paix soit-il. Le Moïse des goyim, c'est l'étudiant Schoeps qui l'a dit, Immanuel de Königsberg est mort comme le Besht, gâteux. Toujours ce grattement, Temra, quelqu'un gratte à la cave ou dans les poutres du grenier. Cette nuit je me suis réveillé, l'horloge des morts vrillait dans le bois des meubles, je me suis levé pour entendre, Temra c'est dans ma tête qu'on fore. La renarde. Chaque nuit elle se colle à mes pieds, je la sens, Temrelé je la sens qui suce mon sang comme une sangsue. Je tombe, je tombe. Ça frotte, ça scie, on dirait que ça scie comme une lime, des grillons. Il ne faut pas que les enfants le sachent. Maintenant je n'arrive plus à lire, plus à écrire, chaque matin comme le Kotzker je n'arrive plus à me relire, le sens fuit de mes phrases au fur et à mesure. Ne le dis à personne, pas aux hassidim, c'est trop tard. Tout ce que j'ai dit est du vent. A toi je te le dis parce que tu sais, du calme, du calme. Maintenant c'est fini, Temrelé, je ne dis rien. Je n'ai plus rien à dire, je n'ai plus rien à taire non plus. Plus rien. Temra, même le silence ne peut plus rien pour moi.

Salle de concert ; oui, changement de lieu. L'espace est disposé en hémicycle, rideaux rouges, lambrequins à glands. Dans une fumée d'épices et de santal, un morse au poil luisant, coiffé d'une mitre et vêtu d'un long gilet rayé de majordome, tape par trois fois de la crosse sur l'estrade. Les cercles de crânes jaunes soudain s'immobilisent sous les cunimbes bleus du havane. Un manteau armorié aux couleurs de la Pologne se lève en grinçant sur un piano de laque noire. Deux hommes entrent en scène sous des applaudissement nourris.

Le lieu décrit est la salle du Conseil. Le Conseil siège à Varsovie. Varsovie est la capitale de la Pologne, ici j'invente, un minimum de détails vraisemblables est nécessaire. Le petit homme en queue de pie, avec ses houppes de cheveux blancs, s'appelle Ignace Paderewski ; ce qu'il joue, Frédéric Chopin, *sonate révolutionnaire.* Le monsieur debout à côté, qui lui tient la partition, c'est le général Pilsudski ; il a des moustaches et un uniforme. Les crânes jaunes, tous chauves, sont ceux des magnats, puisque nous sommes en Hongrie, et que les Magyars ont le type tartare. L'esthétique de ce passage dérive de la *Verfremdung* brechtienne : ceci implique que nous prenions de l'intérêt au rôle joué dans cette scène par les deux hallebardiers qui stationnent debout, depuis l'ouverture des débats, de part et d'autre du groupe central, la tête sous les glands dorés des lambrequins. L'un est Haïm Lanski et l'autre mon grand-père. Mon grand-père, né comme on sait à Loutsk et Wladimir via Lvov, est un fameux amateur d'opéra. Entre deux trains — il va demain chanter à Vienne pour Franz-Josef — voici qu'il avise soudain une belle affiche tricolore : Kursaal de Lodz, ce soir récital unique, Chaliapine et Caruso. Comme mon grand-père n'a pas d'argent, il s'engage comme figurant, d'où le casque et la hallebarde. Ce qui l'étonne, au demeurant, n'est pas le fait que Caruso joue du piano, c'est un artiste, mais le costume de Chaliapine, trop moderne pour le Prince Igor. Hélas, personne n'a encore chanté lorsqu'un grappin venu des cintres le tire par un pan de sa toge vers la coulisse obscure, rideau. Un fameux ténor, mon grand-père. Il finit ainsi sa soirée, étant ébéniste lui-même, à discuter devant un pot avec le menuisier Lanski. C'est bien la première fois, dernière, qu'un membre de notre famille eut à fréquenter un espion.

La Commune juive de Plotzk reposa, au fond, sur deux hommes. Le premier était Mendelé, chef en titre du Comité : son cœur inspirait confiance, quoique lui-même ne possédât ni l'expérience de Lifschitz, ni les connaissances de Nathan. Le second pilier fut Witold. Pilier n'est vraiment pas le mot. Kosowski entra par la petite porte, s'imposa vite par son astuce comme spécialiste des affaires délicates. David et Menahem, délégués aux relations extérieures, s'en remirent presque entièrement à ses compétences d'intrigant. Qu'il soit un jour prouvé ou non que le « kantor » Ascher Lifschitz était un agent bolchevik, force est de constater que lui non plus, apparemment, ne fit rien, ou ne put rien faire pour limiter sa part d'initiatives. C'est lui qui eut l'idée d'envoyer un espion suivre à Varsovie les débats, lui encore qui choisit le menuisier Haïm Lanski, jugé le plus naïf, donc le plus transparent de tous les Juifs de Plotzk amis de Léviné ; lui seul, enfin, qui crut bon d'insister pour qu'un contact fût maintenu avec le tzaddik Shapira.

Le mercredi 29 juillet, un fait curieux se produisit. A Bielsk, à Drobin, à Lipno, des inconnus brisèrent à coups de pierres les cadrans de plusieurs horloges, dont celle d'une église. Le lendemain, Kowal, Kutno, puis Lubraniets subirent les mêmes déprédations. Une rumeur courut aussitôt, accusant les Juifs d'avoir profané des lieux saints.

C'est Nathan Schoeps qui, le premier, remarqua que ces trous obscurs, où rien depuis des siècles ne s'était passé de plus grave que deux ou trois pendaisons massives de paysans, avaient vaguement en commun d'entourer la bourgade de Plotzk.

— Bizarre, dit-il à Teitelboim. Qui a bien pu faire le coup.

— C'est mauvais pour les Juifs, vice-roi. Les Polonais sont excités.

— Ça peut avoir un sens, c'est bon. Rupture totale avec les anciens temps.

Mendel était d'avis de couvrir de tels actes, tant que violence n'était pas faite aux personnes et aux biens privés. Nathan et Menahem se proposèrent pour aller expliquer à la population non-juive le sens de ces faits imprévus : on alluma, sur la place du Marché, plusieurs feux d'objets divers, portraits du tsar, registres et uniformes ; très habilement, on y joignit de vieilles reconnaissances de dettes dues par les paysans à plusieurs maquignons. Ce geste fit plus que les discours pour désarmer la haine des Polonais : le soir du mercredi, les catholiques miséreux célébraient à leur tour, dans des flots de bière et de wodka, les fêtes de la liberté.

Selah.

Quelle pitié.

Le narrateur s'arrête.

Bon, qu'ajouter maintenant, tu es allé dîner, bouillabaisse maison mais le safran râpe l'intestin.

A ce moment, oui, Reb Sapir eut un geste de défense. Récusa les témoins, je l'avoue, maintenant qu'il est mort j'avoue que j'ai menti, maintenant que depuis toujours Sapir Mendel et tous les yids, Haïm et mon grand-père sont morts, non, non-vivants, livrés à la buée, oui, ail et tabac ma voix parle ; et voici, je vais m'expliquer. A ce moment, une fois de plus, Reb Sapir garda le silence. Mains à la barre, barbe en avant, je le vois, l'imagine, je mens sur lui à coups d'images, j'encercle à coups de mots qui mentent cet acte véritable : entrer, entrer dans le silence qui désormais nous garde, les sans-nom, nous maintenant seuls avec ce Dieu noir en qui je me refuse à croire, ce vide rayonnant de vide qui règne au fond de son absence, oui, Dieu est mort, crevé comme un chien mort tant que personne ne troue cette évidence : tant que personne, comme Abraham, ne sort dans le vide, devant, ne serait-ce que pour faire le clown, tant qu'aucun mort-vivant ne relève la parole, ne serait-ce qu'en mentant, pour qu'au bout du dernier rouleau, au bout du by du bout et même un peu plus loin quelque chose d'humain soit encore prononcé. C'est ainsi que l'Histoire guidait mon récit, quatre lignes. Ainsi, pour sauver la trace infime d'une vie, me suis-je mis à tramer ce tissu de mensonges, faisant feu de tout bois, un feu de bois d'épaves, vas-y pour l'étude des sources, de Benjamin à *F. for Fake* je vous donnerai les références. Ainsi j'avance dans le vide sur les traces de Reb Sapir, au moment même où ma fiction propose qu'il se taise, nous tourne le dos : haggada tsouin-tsouin, on s'encourage comme on peut, maillon de souffle et de buée en pleine tradition orale, quelque part entre Moyshe et vous qui me lirez, moi mort, et vous qui me continuerez lorsque j'aurai rejoint dans la poussière des poussières Moyshe et Sapir, Haïm Lanski et mon grand-père, du calme je ne suis pas pressé ; ainsi, sans nulle requête, je m'éloignais au fil des mots, je me perdais au fil des mots dans l'aventure du mensonge, toujours plus loin d'un rien de lettre supposé véridique, avec pour seule règle de ne pas me retourner, ne pas savoir vers où, ne pas relire : comme si peut-être le mensonge, en cette époque de vau-l'eau, restait pour nous le dernier lien qui nous unit encore au souvenir d'une vérité ; ou bien encore comme si, chaos de quelle genèse, ce mensonge n'était que la préfiguration, prémonition plutôt, préparation d'un sens à venir dont personne pour l'heure n'aurait le droit d'avoir idée ; comme si, peut-être enfin, cherchant à dire la vérité, nous n'avions pas compris que la parole nous a été donnée non pour que nous figions nous-mêmes le vrai en lettre écrite, mais pour qu'en nous, par et pour nous la vérité devienne histoire, *bobe ma'assess* à la veillée, histoires à n'en plus finir.

Je revois maintenant Witold et le comprends mieux que naguère.

Il cogne à la porte du tzaddik, passe la main sous les jupons de la servante.

Pouffements étouffés, bruits de pas dans l'escalier noir.

Quelqu'un là-haut geint ou questionne. Une bouteille lancée de loin éclate sur le carrelage. Les souliers éclaboussés d'un vieux reste de vin, Witold n'a pas bougé ; reste debout au milieu des bouts de verre, la tête penchée comme à l'écoute, coincée sur le côté, dissymétrique.

— Rabbi Yaakov, nasille l'insolent, Rabbi Yaakov, vous descendrez. J'ai à vous parler, Monseigneur, des choses importantes à vous dire.

Une seconde bouteille file à travers l'espace. Quand Witold se relève, sa figure saigne. Apparition : dans l'encadrement d'une lucarne, à l'étage, la tête hirsute de Reb Sapir, yeux renfoncés, presque méconnaissable ; puis à pas lourds, inégaux, hésitants, Reb Sapir tout entier qui descend et s'avance, l'habit maculé de taches de nourriture, à la main encore une bouteille vide.

Insultes en yiddish ; intraduisibles.

Witold reprend :

— Eh bien, Rabbi, vous êtes descendu, pardon. J'ai des choses à vous dire, de la part de Léviné.

Sapir regarde autour de lui. Mendel s'est trompé, point, c'est tout. Les Juifs de Plotzk suivent Nathan : les Juifs de Prague suivaient Shabtaï. Les jeunes servent un faux Messie, ils s'en mordront les doigts trop tard.

— Cesse de m'espionner, Witold. Tu sais : je suis plus fort que toi. Va-t-en.

— Maître, vous êtes nommé membre du Comité. Je voulais justement vous dire, vous pouvez venir quand vous voudrez.

— Je n'ai que faire de vos complots, mes hassidim suffisent à mes soucis.

— Vos hassidim, Rabbi, *vous* les avez chassés. Vos enfants se lamentent. Ils vont bientôt venir chez nous. Toute la ville va vous renier.

— Non, vieux filou. Tu les connais autant que moi. Mes hassidim me sont fidèles. Je veux seulement les éprouver, moi qui les ai construits comme un père construit ses fils.

— Reb Sapir, croyez-moi, j'ai voyagé, j'ai vu les hommes. Vos ouailles sont mal dressées, elles attendent de vous le miracle. Vous n'avez pas construit des hommes, mais des infirmes, des robots. Je sais ce qu'un tzaddik pense de moi : encore un mot. Léib Baer nous a donné un beau cadeau, l'homme d'Odessa. Lifschitz et Nathan Schoeps sont les vrais maîtres du Comité. Voilà où je veux en venir : les pauvres hassidim de Plotzk attendent toujours un miracle, mais c'est Lénine qui le fera. C'est Lénine, votre Faux-Messie, et Reb Sapir se croise les bras, et Reb Sapir qui tonitrue lance sur moi des projectiles, au lieu de s'en prendre à lui-même, lui qui donne ses fils à Moloch !

Silence. Reb Sapir repense à Kosowski. Et si cet homme de rien, songe-t-il, disait vrai ; oui, c'est certain, Witold dit vrai, c'est peut-être un ange, qui sait, peut-être un des trente-six obscurs qui portent le monde. N'est-ce pas lui qui, pour le seconder, pour alléger la peine de Temra lorsque, pris de colère, le tzaddik a chassé toute sa maisonnée, s'est défait sans requête de sa propre servante ? Un jour, disent les vieux, un jour viendra où, pour trouver des gens honnêtes, il faudra déterrer les anciens voleurs. On peut beaucoup apprendre en regardant tricher les joueurs de cartes. Des dix principes de la juste conduite, sept, à en croire le grand Maguid, sept de ces principes excellents appartiennent à l'art des brigands. Oui, Temra, pardonne-moi, je remercie l'Eternel de m'avoir ouvert les yeux. Ce soir, je descendrai dîner, prépare avec Lilja un bon repas, je veux manger ; voilà, nous fêterons, en Juifs qui se réjouissent, la fin de mon épreuve et de ma triste maladie ; va vite, invite mes hassidim à aiguiser leur estomac : mais n'oublie pas non plus, pour cette fois, l'ange Witold.

Haïm revient en carriole, collines bleues, champs qui jaunissent. Haïm passe par Wishogrod, curieux aurige en vérité : les pieds dans le fumier et la tête sous le foin, les yeux pleins des images de Varsovie qui pavoise, l'espion Lanski revient en grand secret à Plotzk informer Mendelé des intentions des Polonais.

— Mauvais tout ça, dit Léviné. Quand la sonate sera finie, on applaudira le pianiste, et c'est au tour du général. Les Juifs jouent du violon, avec l'autre ça peut aller, mais violon-trompette, non merci. Si les uniformes l'emportent, on se vengera sur nous.

Pas d'alliance possible avec eux. (C'est maintenant le kantor qui parle.) Oui, bien sûr, ils n'aiment pas le tsar. Parce que le tsar est russe et que les Russes ont la Pologne. Mais maintenant, qui gouverne en Russie ? De qui ont-ils peur ? de Lénine. Alors c'est bien simple, on oublie les détails, et main dans la main tous contre la Révolution.

— L'important, dit David Teitelboim, c'est que nous restions en bons termes avec les Français, les Anglais. Pas possible d'intervenir avec eux contre la Russie. Il faut faire quelque chose pour les empêcher de combattre. Il faut leur faire comprendre, sinon foutu.

Mendel reprend :

— Camarades, la situation est complexe.

Qui sont nos ennemis ? Russes ou Polonais, les seigneurs. Qui sont nos amis ? Un silence. — Nous avons deux sortes d'alliés. Occidentaux, amis de circonstance. Nos vrais alliés sont les deux peuples. Mais voilà, Russes et Polonais ne peuvent pas se supporter. Si les deux noblesses se haïssent, tant mieux pour nous.

Kantor : — Ça n'est plus vrai !

Mendel : — Ça n'est plus vrai mais nous pourrions entre eux semer la zizanie. Qu'importe. Si les deux peuples continuent à jouer à chien et chat, voilà la catastrophe.

— Affaires de goyim, dit David, pas les nôtres. Il nous faut rester neutres. Nous défendons notre intérêt, celui du peuple, c'est la paix.

Nathan intervient : — Quoi, la paix ? pour changer quoi ? n'importe quelle paix ?

— Camarades, dit Mendel, il faut unir nos points de vue. Ce qui nous arrive est nouveau, laissez-moi vous le résumer. Pour la première fois, notre peuple, ici, à Plotzk, sort de la nuit.

Nathan : — Première nouvelle. Je n'ai pas encore vu de quel jour tu veux parler.

— Je veux simplement dire que pour la première fois, ici en Pologne, les Juifs sont à même de *gouverner.* Peu importe si c'est par hasard, mais alors un hasard béni, une occasion inouïe que nous ne pouvons pas laisser perdre. Ecoutez-moi. Depuis combien de temps ouvrons-nous la porte, au Repas, pour qu'Il puisse venir s'il le veut ? Eh bien voilà, c'est peut-être lui. Allons-nous lui fermer la porte ? Allons-nous nous lever et déguerpir, l'insulter ? Allons-nous, par notre faute, le laisser repartir, peut-être pour toujours ?

Mendel tremble comme un hassid. David Teitelboim l'interrompt :

— Camarade Mendelé, nous sommes à Plotzk, pas à Jérusalem. Drôle de Messie, qui porte lorgnons, barbiche, casquette ! A moins que ce Messie soit même un goy, oui, un Mongol au crâne chauve, note bien que je n'ai rien contre les Mongols chauves ; ou toi, peut-être ?

— Pourquoi pas, dit Nathan ; pourquoi pas moi, j'y compte bien.

— Quoi qu'il en soit, Mendel, ton analyse est belle. Belle analyse vraiment, mais fausse. Un point de détail. Pour la première fois, dis-tu, les Juifs de Plotzk ont le pouvoir. Où ça, je te demande maintenant ? — A Plotzk. Je prends une carte et cherche Plotzk. Admettons que je le trouve (rien n'est moins prouvé, conviens-en). Où est perché ce trou perdu où nous avons l'honneur de vivre ? J'ose avancer : en Pologne. Qui habite en Pologne ? Des Polonais. Alors ? Pour la première fois, oui, première fois depuis Titus, les Juifs arrivent au pouvoir, où ça, dis un peu Mendelé, dis-le : à Plotzk-les-Oies, Pologne, dans un pays qui appartient déjà à d'autres. Ce n'est pas du vol, c'est une erreur.

Nathan enchaîne.

— Combien sommes-nous ? Cinq au Comité, six ? Il faut se répartir la tâche. Si je comprends bien Mendelé, les yidlach de Plotzk n'ont en somme :

1. qu'à réveiller le peuple polonais ;
2. semer la discorde entre Wrangel et Pilsudski ;
3. neutraliser la France et l'Angleterre.

Léviné, le premier, consent à rire. Ascher Lifschitz : — Il est plus simple de s'engager dès maintenant aux côtés des bolcheviks. Eux seuls, les Russes, ont déjà fait la Révolution.

Re-Mendel :

— Bien sûr, vous avez tous raison, David, Nathan, vos remarques sont vraies, mais négatives. La position du kantor a le mérite d'être claire, mais Plotzk n'est pas Odessa. Ecoutez-moi encore un peu, tais-toi. — Le Messie, qui est-il ? Bon, je suis un petit pharmacien. Savez-vous comment se passe une cristallisation ? Dans ton bocal, un liquide qui dort, de la vraie flotte apparemment. Tu rajoutes un cristal, un seul, voilà le miracle. Le cristal est le Messie. Le geste, c'est l'homme qui l'accomplit. Je continue : l'eau n'est pas de l'eau, quelque chose y était dissous. Ainsi le peuple juif parmi les nations. Le miracle, tous y participent : l'eau qui dort, l'espérance dissoute. Le Messie, lui, n'est qu'un accident. Un prétexte, oui, une épreuve. Le miracle, tous y participent, mais c'est à nous de faire le geste —.

Silence. Mendel en Maguid ; têtes baissées, temps suspendu. A une autre époque, pensent plusieurs, quel Rabbi aurait pu faire ce petit bonhomme à lunettes ; quoique aucun d'eux ne soit juif pieux, non, même Mendel en un certain sens est athée, soudain quelque chose les a soulevés, cela, pense Nathan, qui hérissait déjà le poil des chimpanzés-gardiens groupés autour de leur tribu.

— De toute manière, dit l'étudiant, nous n'avons pas le choix. Mendel l'exprime à sa façon : ne plus s'arrêter en chemin. Tout le peuple avec nous, Juifs et Polonais, jusqu'au bout. Que l'on hésite ou pas, c'est pile ou face.

Mais toi, Haïm ;

Toi la tête dans le foin, entre Wishogrod et Plotzk, répétant ta leçon, rêvant de palais, de musique.

Toi aux mains de l'acteur, marionnette aux joues rouges et cheveux filasse, culotte trouée ; Haïm le menuisier, Haïm l'espion, qui ça, mais qui dans cette histoire tenait les fils, Witold peut-être, qui les fils de Witold, pourquoi pas Satan, l'empêcheur ; qui se tient au-dessus de Satan, grave problème, fermez vos gueules consolateurs ; je ne sais pas, je ne sais pas, c'est maman qui répond, demande, Reb Sapir doit savoir, c'était bien avant cette histoire.

L'homme est libre, pensait Reb Sapir, Dieu tient les fils et l'homme est libre. Dieu donne l'impulsion, l'homme agit. L'homme est libre de chaque geste, libre de dire oui ou non ; mais le fil cassé, il se brise.

(Nathan Schoeps, boussole affolée. Tantôt il parle de destin, tantôt de rompre ; l'homme, animal-machine, et soudain cette décision libre, le geste irrattrapable d'un doigt qui pèse sur la gâchette.)

Haïm sous le foin, qui se frotte les yeux.

Les tuyaux le chatouillent, quelle équipée, je n'ai pas peur. Il y a à Venise, c'est une ville près du Vésuve, un grand tableau sur tout un mur. S'appelle le repas chez Lévi, c'est l'histoire du grand Rabbi que vénèrent les goyim, tous ceux qui croient que l'Eternel descend au coup de cloche dans une biscotte, je n'invente rien. Eh bien, dans un coin du tableau, sous la nappe, il y a un petit chat. C'est à cause de Haïm que je raconte cette histoire. Un chaton. Je me souviens, dans mon enfance, je crois que j'y suis toujours, moi sous la nappe et dans la main, loin sous les voix dans la fumée, un gros calot violet avec deux trous. Haïm revoit sa mère, immense poupée noire et voûtée ; c'est fête ; la main si grande, oui si petite, rougie, la main qui tient un gros beignet de matzemehl, jaune d'or. Soleil qui joue dans les tuyaux de paille. Eclats de voix très loin, si haut, si haut, Haïm écoute ; comprendras-tu jamais ce qui s'est dit, j'écoute, j'écoute moi aussi ce qui se dit, quelle bafouille, on est peut-être en 21 et mes bisaïeux inconnus, ceux de Loutsk et de Wladimir, vont disparaître coincés comme deux moucherons dans les plis jaunis d'une carte d'état-major ; oui, Pruzzes du Kulmerland, Indiens Hopis, Yids, Arméniens, Tziganes, Français, homo sapiens claquant de ci et ça sur un lit aux draps blancs neigeux, désormais sans papiers, sans nom, à l'heure où geignent les fanons des boueux et vont bientôt sonner, dans le noir qui s'éclaire, les rotules branlantes des marchés. Voilà l'Histoire, l'Histoire, si vous voulez mon opinion. J'écris pour Haïm Lanski, tout ça je le raconte pour Haïm Lanski, pour sa défense, puisqu'il y a eu procès et que le procès dure encore, oui, procès, appel ou cassation je l'ai rouvert, un fait divers, tandis que Shapira, lui qui savait parler, nous a laissé au moins une trace, je sais son nom.

Witold n'était pas négociant. Witold était carambouilleur. C'était un homme venu de nulle part, ce style de juif errant qui retombe toujours sur ses pieds. Je ne sais pas, après, ce qu'il est devenu, l'Amérique sans doute, la Mafia. Pas assez bête pour qu'on parle de lui, pour se laisser descendre à l'italienne, façon goyish. Lemberg-Changhaï-New York, Willy Cashew. Je m'arrête là, à toi d'écrire le best-seller.

Peut-être, au fond, ce peu est déjà trop. Rien ne prouve, par exemple, que Witold Kosowski ait réellement acheté les deux-trois gaboïm dont Sapir de Plotzk s'entourait. Qu'il ait été souteneur, par contre, c'est sûr. Temra l'omniprésente le constata elle-même, ce jour de début août, je coupe la phrase pour l'euphonie, où ayant entendu des rires à l'étage, du côté de la pièce où Yaakov méditait, elle ne put s'empêcher de regarder par la serrure.

Scène érotique.

Qui était cette Lilja, nouvelle énigme, qui Witold. Dans le patois allemand des maquereaux et des malfrats, on appelle une fille *mezouze*. Mezouza, en hébreu, veut dire chambranle, ça pas exprès. En yiddish, c'est une espèce de capsule, un talisman qu'on pend aux portes, cochères comme il se doit, pour le tripoter en passant. Voilà bien un jeu de mots qui eût fait plaisir à Witold. Je ne crois pas à l'hypothèse d'un soudoiement banal des sbires. Witold et Reb Sapir étaient faits pour s'entendre, ayant tous deux l'esprit subtil, oui, un esprit retors, subtil.

Mais eux, les hassidim, chargés de cadeaux, de prières ; par les hameaux trempés de pluie, sur les chemins embourbés, sinueux — talus sans fleurs, ciels bleus d'orage —, avancent sous le fouet des canassons couleur de zinc. Des chants, des cris et des violons chahutent les carrioles branlantes, on dirait presque un convoi de Tziganes ; déjà les malades au milieu des rires se sentent mieux, contrefont les mourants pour donner le change, geignent plus fort et toute la famille pleure ; éclats, disputes, on parle d'accordailles, on vide d'obscures querelles d'argent ; de vieilles blagues reviennent, de nouvelles fusent. Skierniewitze. Lochow, Nasielsk, Pultusk, Zwolen, Glowno, Zabludow, Plotzk. Pour fêter leur tzaddik, fêter la fin de l'épreuve, les hassidim de Reb Sapir traversent la ville en dansant. Deux violons sautillent en avant du cortège, se retournent sans cesse vers le serpent de grands chapeaux. A table, deux longues tables noires comme d'un couvent, Reb Sapir s'est assis à côté de Witold. Sitôt la bénédiction dite, un flot de miracles commence. Sur un signe du Maître, qui dirige sans baguette, le ballet des acolytes, à grands gestes de manches et grands effets de pans, change l'eau saumâtre en vin de raisins secs et en wodka kasher le thé du samovar.

Ce doit être l'hiver, maintenant. Un poisson grand comme un requin, dos plombé et ventre de lune, occupe l'immense table nappée. Les nobles sont partis, le château est à l'abandon. Les enfants ont tiré de l'étang les poissons, hissé sur la margelle, à cheval et gluante, l'énorme carpe centenaire.

Recette de la carpe à la juive.

Tuer la carpe. La vider et la garder entière avec la tête, la peau et la partie la plus extérieure de la chair. Faire reposer le tout 24 heures dans l'eau salée.

Mélanger le reste de la chair à un hachis fait d'un oignon, poivre, sel et matzemehl. Farcir la carpe et la faire cuire, dit ma grand-mère, dans une marmite avec une carotte en rondelles, 2-3 oignons, 2 poireaux, couvrir d'eau, écumer, rajouter poivre, 1/2 heure de cuisson, 1 morceau de sucre. Bien réduire le bouillon, en couvrir tout le reste, laisser au frais toute une nuit.

Je résume : c'est ainsi que Yaakov Sapir se bâfrait. De mémoire de hassid, on n'avait jamais vu un rabbin faire pareille ripaille. Cela aussi lui fut reproché au procès. Certes, c'est un peu plus tard que la disette devint famine. La conduite du tzaddik, ce jour-là, n'en paraît pas moins provocante. Un tel manque de sérieux, un tel luxe, une débauche, et qu'aurait-on pu dire si l'on avait su tout le reste ; notre Rabbi est devenu fou, pensa Mendel quand il apprit. Le père Sapir est fatigué, méfions-nous de lui, pauvre Nathan, voici un concurrent pour toi dans le genre Jacob Frank. — Il n'a pas sa fille avec lui, comme l'autre dans son repaire, songeait Nathan, s'il avait su, toujours l'astuce pertinente.

Le soir, Witold.

Tombée du soir, les hassidim étaient partis, en allés en rotant chantant criant vers leurs villages.

Oui, dans la nuit, que pouvait bien rêver Haïm devant son Tsar, que pouvait-il penser, à supposer qu'il pût penser avec des mots ; ici encore, je crois, il faut parler pour lui, le Rizhiner aussi jouait l'arrogant, le faux prince, on discute de nos jours parfois sur ce sujet. Pour que le peuple garde l'espoir. Un pressentiment du Messie. Une image éveilleuse, à rendre vite fausse en en rajoutant, ricanante, pour ne pas blasphémer, Ex. 20, 4.

Les meubles noirs, comme un chaos. Assiettes renversées, soupières où trempèrent des barbes pouilleuses, nappes tachées ; une vitre ouverte bat au vent de la nuit.

— Rabbi, dit Witold, nous étions faits pour nous entendre. Je ne vole personne, mes marchandises n'existent pas. Toi aussi, tu leur parles d'un Dieu qui n'existe peut-être pas. J'invente et j'en tire de l'argent, toi tu leur donnes du bonheur. Ceux qui ne savent pas ne peuvent pas nous comprendre.

Temra dans un coin de la pièce, Temra qui se tait et entend. Est-elle là debout, un linge blanc à la main, j'essaie d'imaginer, je ne sais pas, je ne sais pas. Il est l'heure d'aller dormir, volets qu'on ferme, un chien aboie. Personne n'a répondu à ma question, non, il est l'heure de se taire et rien n'est dit ; je ne me rendrai pas vivant à ce sommeil, maintenant que Witold est parti il lutte encore, une demi-nuit Yaakov récuse la phrase d'apaisement prévue : jusqu'à demain la nuit veille pour nous, voilà, le dernier mot vient après, par traîtrise, fin provisoire en croc-en-jambes ;

et Mendel dit au Polonais, *une* Révolution et pas deux ; à nous de liquider le contentieux entre nos peuples. Ainsi Grunitzki devint-il coprésident du Comité, dont le nom fut changé, « révolutionnaire provisoire ». Je n'écris pas l'Histoire, je glose, nulle prétention à l'objectivité ; je ne me crois pas obligé d'imaginer comment Grunitzki et les autres envisageaient la situation. Pour parler d'hommes comme de patates, je dirai néanmoins ceci : les juifs, citadins marginaux, les Polonais paysans pauvres. La chance de la Révolution, disons les choses comme le kantor, aurait été qu'elle réunît davantage d'ouvriers d'usine. Chacun savait en outre de quel côté pouvait pencher l'armée chrétienne et virginale de Pilsudski et compagnie. Yids et Polaks, ce nonobstant, avaient des intérêts complémentaires. Les premiers, gagne-petit et prédicateurs vagabonds, ne pouvaient espérer jeûner jusqu'à l'âge d'or. Les seconds, abrutis par l'enracinement dans la glèbe, avaient besoin sans le savoir de directives, d'intendants. Leur mariage de raison fut nécessaire et éphémère : alliance du lapin de Pâques et de la carpe farcie.

— Où suis-je maintenant, porté par les ailes du récit ? Je vois des nénuphars, une verte prairie. Posée sur une chaise-longue de rotin, une femme en longue robe blanche s'amuse à jouer d'une ombrelle, nonchalamment blanche aussi, dont la mousseline tuyautée, pareille à une coiffe de tulle, garde ses sourcils saphir d'un soleil inexistant.

La vue découvre à présent quelque manoir à colombages. Un homme mûr mais svelte, en habit de cheval, descend les marches du perron. Une fine moustache garnit sa lèvre supérieure ; d'un geste viril mais sec, il fait, tout en sifflant son chien, sauter dans ses mains brunes mais glabres une badine de sycomore.

Zoé Babou de la Bourdaisière trompait son ennui en lisant. Jeune encore, et très belle, bien qu'elle fût déjà mère, mais arrêtons-nous là, bref la littérature française. Je vais dans la phrase suivante parler du mari de la dame. Son mari, Aymar IV Babou, descendait en droite ligne des premiers ducs de Normandie. Enseigne de vaisseau à vingt ans, puis contre-amiral au Tonkin, il s'était cruellement blessé, dans les premiers mois de la guerre, en tombant par erreur, un jour de tournée des popotes, dans une tranchée mal signalée. Promu dès lors vice-amiral, le comte de la Bourdaisière se retira sur ses terres de Claquebec-en-Parisis. Longtemps il se coucha de bonne heure ; il tuait ses journées à la chasse au canard, ou bien à manœuvrer en tartane sur l'Epte, lorsque, coiffée de peaux de casoars, l'ordonnance de Maxime Weygand vint proposer au héros malheureux de réorganiser la marine polonaise. D'un naturel que son infirmité rendait jaloux, l'amiral-comte s'empressa d'exiger de Zoé qu'elle l'accompagnât dans son lointain déplacement : il se disposait à le faire lorsque nous le surprîmes, descendant le perron de son manoir, il y a peu. Ayant enfin vaincu les résistances de son épouse, La Bourdaisière publia aussitôt « qu'on empaquetât la harpe de madame, plusieurs missels et carabines ainsi que son sextant, et du linge pour les domestiques ». Trois jours plus tard, il était à Dantzig, dont la chute de l'Empire avait fait un port franc ; constatant l'absence de la flotte polonaise, il se rendit bientôt à Varsovie pour recevoir en grande pompe les insignes de sa dignité.

Mendel et Grunitzki ne se ressemblaient pas. L'agitateur polonais se disait métayer ; pour une sombre question d'argent, le seigneur de Kowal l'avait fait jeter en prison, d'où il était sorti changé en révolutionnaire. De cette époque datait son amitié pour Kosowski : c'est grâce à Witold que le comte Khodetski, voisin rival de son seigneur et ennemi, avait en peu de temps amassé sa fortune.

L'étude des archives infirme cette version. Andreas von Grunitzky, aîné de famille allemande, aurait été deshérité, peu de temps avant la Grande Guerre, pour s'être adonné au jeu. En 1921, on perd sa trace : on le retrouve, en 1937, aux côtés de Ridz-Smigly, puis, à un poste subalterne, sous les ordres du Reichsleiter Rosenberg. Certains affirment, mais le fait n'est pas prouvé, que l'ancien meneur paysan, mort dans les années 50, acheva sa carrière sous un faux nom, peut-être le vrai, à un poste important dépendant plus ou moins du ministère de l'Information de la République populaire.

Quoi qu'il en soit, il demeure certain que Grunitzki et le carambouilleur étaient, à ce moment fluctuant de l'histoire que nous inventons, déjà en relation depuis plusieurs années. Witold, sans doute, fournissait à Andréi des filles ; peut-être que Lilja était du nombre. On songe aussitôt à Mendel, mais que pouvait-il faire d'autre ? Grunitzki, quel qu'il fût, exerçait sur les paysans un ascendant presque magique. C'est lui qu'avaient rencontré Menahem Morgensztern et Nathan, le jour où ils étaient allés dans la ville polonaise dire la vérité sur l'affaire des horloges. Nathan Schoeps, lui surtout, admirait le personnage. Nathan se piquait d'admirer les goyim dans ce qu'ils ont de plus non-juif : la force franche et la clarté, oui, la « bonne santé » mentale. Grunitzki était ignorant ; auprès de lui, Nathan, qui traitait les juifs d'ectoplasmes, jouait du coup, effet paradoxal, le rôle qu'il haïssait précisément le plus : celui du juif subtil, de bon conseil et cultivé. En cherchant à lui plaire, Nathan agaçait Grunitzki, qui préférait la discrétion de son collègue Léviné. Et que pouvait donc faire Mendel, sinon collaborer loyalement et sans réserve avec l'homme de confiance de la ville polonaise ? Aucun des juifs de Plotzk, formés dans le ghetto, ne savait comme lui parler aux chrétiens pauvres. Est-ce à dire que Mendel ne se méfiait pas ? Je pense que si. Assez intelligent, Mendel, moins vain que Nathan, mais sans beaucoup d'expérience. Assez intelligent, voilà pourtant qu'en y réfléchissant encore, je finis par douter ; naïf, Mendel, idéaliste, ou plutôt non, pourquoi savoir, à quoi pouvaient servir méfiance ou confiance une fois que le Golem s'était mis en marche, avançait ; chacun son rôle, et celui de Witold et celui d'Andréi, de Sapir, de Nathan ; que pouvait faire Mendel dans toute cette histoire sinon jouer en fin de compte son rôle et le sien seul : Mendel avait confiance, ne pouvait pas ne pas avoir, de bout en bout Mendel devait avoir confiance, comme un aveugle ou somnambule avance dans la nuit sans tomber, sans cette certitude que je suis seul à posséder, ma seule certitude sur lui, Mendel l'aveugle, sur sa figure sans elle impondérable, mais je mens.

On était sans nouvelles du front est. Le colporteur Méir, un émissaire de Witold, confirma le treize août la chute de Lemberg. Rien ne bougeant ni à gauche ni à droite, la vie au jour le jour reprit dans la lenteur. Une chaleur décérébrante écrasait les cours du quartier. Soleil violet, lumière jaune d'or sur les vieux murs. Dans la pharmacie du père Kohen, permanence du Comité, l'air était irrespirable. Au milieu des bocaux rougeâtres dont le verre empoussiéré réfractait vaguement la lumière zébrée des stores, deux ou trois hommes en blouse ou en chemise, le front suant posé sur des registres noirs, dormaient dans la posture de scribes sans surveillance. Une main aurait-elle entrouvert la fenêtre, juste de quoi sentir un peu d'air, voir du ciel, c'était une puanteur de fruits pourris et d'épluchures ; un silence de sieste flottant dans les rues vides, sur les placettes aux pissenlits roussis, soudain monté de soupiraux le grincement d'un petit violon —

Quelle pitié.

Mendel et Rivka vers le soir se promenaient dans la campagne, elle se tait, je le vois lui qui s'est penché pour ramasser, non, pas Mendel, c'est elle qui s'est penchée pour cueillir une fleur, un coquelicot sans doute, ou un bleuet. Les blés autour. Ce n'était pas encore le soir, c'était la fin de l'après-midi, ces après-midi de l'été qui justement n'en finissent pas. Bien sûr que Mendelé n'aurait pas osé, n'aimait pas, Mendel ne pouvait pas faire de bouquet, c'était Rivka. Mendel aimait sa femme, ça y est c'est dit, roman d'amour. Rivka tenait dans ses mains un bouquet de fleurs bleues et rouges ; Mendel, lui, regardait les blés, ce paysage au demeurant quelconque de Pologne, au fond des blés les hangars, loin la ville. Tu sais, dit-il, elle se tait, tu sais Rivka, chez Maïmonide, il dit ceci, quand Il viendra rien ne sera bouleversé. Tout, les arbres, les chemins, tout sera pareil, d'autres disent oui, pareil, mais décalé d'un millimètre, et tout continuera absolument comme avant. Il s'en ira comme il est venu, et le monde restera aux hommes. Tout sera comme avant et rien ne sera comme avant.

Rivka derrière, elle ne dit rien. Toujours vêtu d'une blouse, Mendel, dans la fumée de vieux cigares, de petites lunettes sur le nez ; quelle drôle d'apparition, on dirait un épouvantail au milieu des champs déserts. Je ne sais pas à quoi pense Rivka, étant moi-même un homme je m'abstiens. Mendel parlait en paraboles, il cherchait ses mots, plutôt non, il les trouvait, il en trouvait toujours de trop, mots à côté, que cherchait-il à dire d'impossible ? Le soir de ce jour-là ne voulait pas descendre, il était tard, tous deux sont revenus dîner avant la nuit. Une histoire d'amour juive n'est pas une simple histoire d'amour. Quand Rivka s'est penchée, Mendel n'a rien dit sur le coup. De nouveau j'essaie d'imaginer ce qu'il pensait. Rien n'est naturel pour un Juif. Ni une fleur, ni un pays, ni un lieu ni un moment. La terre pour un Juif n'a pas de terreau, de terriers. La terre est une promesse, une promesse après l'exil, avant l'exil plutôt, non, à travers. Entre la tristesse et la joie, il y a une faille insondable ; parler lance au-dessus un pont sans fin, car cette faille est invisible, sans épaisseur, elle n'a d'existence qu'en profondeur. Cela, peut-être, seul Reb Sapir pouvait le savoir, moi je rêve. Mais (à supposer qu'il le sût) que pouvait-il, le sachant, *faire* ? C'est justement ce que j'essaie de raconter, on n'en sort pas. Aussi, quand je ressonge à Rivka, à Temra, oui, à toutes les autres, comme la mère de Haïm, j'en viens à me demander si elles, qui se taisent, ne sont pas les figures centrales de ce récit. Je comprends mieux, bien sûr, les Juifs de Plotzk, ces discuteurs. Etant posée avec des mots, la question, de toute manière, est réglée d'avance, je m'abstiens. Chacun son rôle, Mendel, Rivka, à moi celui de raconter l'histoire, de continuer à raconter l'histoire jusqu'au bout, je veux dire tant que je le peux, cette histoire entamée un jour, chose certaine, mais en elle-même sans terme prévisible.

La Bourdaisière. Lassé par mon propre pilpoul, voici que j'ouvre une fenêtre nulle et soudainement me cueille, d'un abîme émanée vrillante, l'odeur des seringas de Claquebec-en-Parisis.

Babou de la Bourdaisière était plus qu'un ambassadeur. C'était la France elle-même, provinciale et rayonnante, désuète et toujours renée, l'esprit de la France à cheval. L'antiquité d'une qualité qui remontait aux princes vikings lui épargnait d'avoir à en paraître digne. Simple inimitablement, c'est sans condescendance qu'il tapait le carton avec son premier aide de camp, De G..., n'ayant cure d'être offusqué ni par la noblesse mineure, ni par la gloire toute récente de ce vainqueur de Montcornet. Chose rare dans son milieu, il n'était point intolérant ; catholique fervent, il ne rougissait pas, étant apparenté aux Cahène-Hurepoix, de descendre par les femmes de la tribu de Zabulon.

Witold, qui savait tout, eut vite vent de ce travers. Le personnage de Witold m'échappe encore, personne ne sait. Comment réussit-il à s'infiltrer chez les Babou ? Peut-être soudoya-t-il, par quelque intermédiaire, valets d'écurie et soubrettes ; il a pu faire manœuvrer la mafia des maquignons, à moins bien entendu qu'il n'ait joué dans toute cette affaire le rôle plus ou moins clair de l'agent double ou même du traître. Quoi qu'il en soit, l'idée de choisir Haïm parut géniale. L'ex-hallebardier par intérim ne parlait pas un mot de français : sa discrétion était donc assurée, tandis que son physique ingrat le mettrait à l'abri des jalousies de l'amiral. On transporta donc Haïm Lanski de Plotzk à Varsovie, l'histoire ne dit pas si ce fut encore en charrette. Sur l'avis favorable d'un sous-chef d'écurie, La Bourdaisière, qui partait en inspection, le recruta sans hésiter comme septième palefrenier ; en raison de sa petite taille, Haïm fut spécialement chargé de frotter le ventre des chevaux, lequel lui fournissait, durant les cavalcades, un abri commode contre l'intempérie.

A Plotzk, les hassidim.

Les hassidim de Plotzk.

Au moment d'ajouter un verbe à l'imparfait, prenant ainsi une option sur la mise en route du programme visant à achever la phrase initiale de cette séquence nouvelle,

J'hésite soudain.

Imprévu comme le reste, cela.

Je me demande
si ceux à qui je raconte cette histoire sont dignes d'écouter l'histoire que je raconte.

Si ces tas de goyim impuissants et incultes, confits dans leur littérature de décadents néo-merdeux,
peuvent apprendre quelque chose d'une belle histoire juive ;

ou si (Rabbi Yeshouah s'est trompé sur ce point) je ne ferais pas mieux de remballer tous mes lapins, tous mes pigeons dans mon chapeau, au revoir merci.

(Sans compter qu'à partir d'un certain degré d'insulte, ces *khamoyrim* acceptent et en redemandent.)

Cela, les hassidim de Plotzk n'en savaient rien. Reb Sapir, si. A sa mesure, à son époque, je le vois poser la question. Le tzaddik n'avait pas voulu se rendre au siège du Comité. Il rencontra Mendel dans la maison de Kosowski, une grande baraque crasseuse aux portes mal fermées.

— Les gens ne comprennent pas, Rabbi, commence Mendel. A part vos hassidim, les gens ne comprennent pas. Les uns vous disent fou, les autres croient que vous vous moquez. Au nom de tous, je vous somme de vous expliquer.

— Mendelé, tu inverses les rôles. C'est à moi de t'interroger. Mendelé, tu n'as pas de mémoire. Tu es léger, tu risques gros. Je connais ton cœur, tu n'es pas un imposteur. Songe seulement à la fin du Voyant. L'espoir aussi peut être un piège : c'est même le plus grand danger.

— « On protège les œuvres d'art et l'homme gît dans la poussière. » Un autre Maître a dit aussi : « La Thora change tous les jours. »

— Tout est devenu impur. Rien n'a plus de rapport avec rien.

— C'est le signe que les temps sont proches.

— L'avenir n'est pas le présent.

— Rabbi, vous m'effrayez. Je ne vous comprends pas. Pourquoi vous moquer de vos pauvres hassidim, à quelle noce sinistre les avez-vous conviés ? Je tremble.

— Noce, non, fiançailles peut-être. Repas de deuil. J'appelle l'invité, je ne le soudoie pas. Je le provoque.

Witold s'est approché, la tête penchée. Il rit sous cape.

— Yaakov est un très bon provocateur, dit-il.

Sapir tout blanc frémit. A ces mots, je le vois frémir. Il est soudain défait, sans prestance, possédé.

— Que voulez-vous de moi, demande-t-il à Witold.

— Une simple déclaration, vous collaborez avec nous. Une déclaration d'intention et rien de plus, répond Mendel.

J'arrête ici la scène. Witold, je crois l'avoir saisi, soudain. S'il n'est pas intervenu au début de la discussion, c'est qu'un carambouilleur se moque de la Thora. Se moque de la loi en général, des lois écrites. Witold, par ces temps-ci, ferait un fameux écrivain : de ceux qui improvisent à partir de rien, un jongleur, de ceux qui s'écoutent, non, même pas, dictent en rêvant leurs fariboles et se réveillent pour signer.

(Si la vérité était en avant, pense Mendel. Si la vérité n'était pas au départ, mais en avant de nous, toujours, toujours un peu plus loin devant nous, invisible.)

((Sapir cependant avait trop de mémoire Une conscience paralysante. Mendel n'a pas marqué le point, c'est Witold seul qui le pou vait. Witold semble plus libre, même plus libre que Nathan, mais je me suis trompé, il vise au but. Je crois maintenant, lui seul sait ce qu'il fait, ou bien quelqu'un le sait pour lui, ou le devine. Cependant toute cette histoire est inventée, je ne sais plus, ou plutôt non, je ne sais pas encore, elle commente, commente une histoire ambiguë qui commente elle-même, mais quoi ? Et pourquoi Haïm Lanski gardait-il le portrait du tsar ?))

Grunitzki avait l'esprit clair.

C'est une qualité de Barbare.

Grunitzki, au fond de lui-même, et même en surface, n'aimait pas les Juifs. Il leur reprochait d'avoir l'esprit trop compliqué, d'avoir l'esprit trop clair plutôt, bref tortueux — de compliquer exprès les choses pour mieux les expliquer ensuite, et prouver aux Non-Juifs qu'ils sont plus intelligents qu'eux.

— Tous les Juifs allemands s'appellent Weil, ce qui veut dire *parce que.*

Connaissait bien l'allemand, von Grunitzky.

Le 17 août, faisant état de l'impatience de ses troupes, il proposa au Comité de décider la destruction de l'ensemble des biens nobiliaires du district.

Mendel s'y opposa : confisquer oui, détruire non.

— Camarade Léviné, tu ratiocines et tu radotes. Nos paysans n'y comprennent rien. En plus, je vois qu'ils ont raison. Sors de tes livres et regarde le peuple : la Révolution n'est pas faite de parlotes.

Ascher Lifschitz, le kantor d'Odessa, soutenait Mendelé. Sa qualité de Russe lui enlevait de l'audience : les Polonais du reste, se méfiaient des communistes.

David Teitelboim, sioniste socialiste, s'abstenant par principe, c'est à Schoeps et à Morgensztern que revint la tâche d'arbitrer le conflit ouvert par la proposition d'Andréi.

— J'appuie le camarade Grunitzki, dit Nathan.

Kantor : — Nathan, écoute-moi, tu ne connais rien à rien. (Parle très vite, en yiddish) : Nathan, ce type est dangereux. Ce Polak est suspect, il est en train de nous avoir.

Nathan, colère subite : — Ce Polak est suspect ? Et le peuple, que dit-il ? Suspect, peut-être ? Et toi, Ascher, Ascher que nul ne connaissait ici il y a un mois, non, toi bien sûr, tu n'es pas suspect —

Mendel : — Assez, Nathan.

— Vous êtes tous chauvins, yidlach minables.

— Nathan, tu n'es pas seul, tu es en train de nous trahir.

— J'en ai assez, seul avec vous. Sortez de vos coquilles, gastéropodes talmudiques.

— Nous sommes internationalistes et Juifs, Nathan. Cesse de faire le clown aux dépens de notre cause, ou tu te mets au ban de la Révolution.

— Vous n'êtes pas la Révolution. Vous confisquez le bien du peuple. Vous ne songez qu'à mettre la fortune des riches à l'abri pour qu'elle vous revienne de droit. Ce droit, il faut l'abattre. Il faut renier la règle ancienne. A bas les lois des nobles, camarades ! — et j'ajoute : à bas, pour nous les Juifs, la Thora du Seigneur qui nous torture et nous étouffe !

— Nathan, s'écrie Mendel, tu viens de te disqualifier. Ce n'est plus un avis, c'est un blasphème ! tu deviens fou ! — Camarades, restons calmes. Jusqu'à maintenant, nous n'avons fait que *couvrir* certaines initiatives des malheureux. Une autre chose est de *déclencher* la violence. Violence pour violence, celle-ci est inutile. « Ce n'est pas le chemin », pas la Révolution, c'est une jacquerie d'ivrognes et d'assassins !

Le décompte des voix donna cinq pour, trois contre. David, finalement avait suivi Mendel ; les deux Polonais votaient toujours comme Grunitzki ; le jeune Morgensztern, fidèle de Nathan, s'était rangé de leur côté. Le chef des activistes arbora un sourire confiant : cet imbécile de Nathan lui avait mâché la besogne en faisant endosser aux Juifs, majoritaires au Comité, la responsabilité des violences à venir.

A présent, Reb Sapir dormait mieux certaines nuits. Ce n'était pas la paix retrouvée, rien de pur. Ce n'était pas la joie, mais comment dire, notre vie même, une sorte d'acceptation sans triomphe ni tristesse du cours haché, incohérent, indifférent de l'existence.

(Je ne fais qu'imaginer ce que je ressens, moi, M.P. ; de ce qu'un Juif ressent, j'imagine la plus grande moitié et devine le reste en rêvant que je l'imagine ; mais un rabbin, mais un tzaddik, il faut avouer que je rêve. Si je dis donc de Reb Sapir qu'il renaissait à l'existence, à une façon d'être pour la plupart de nous normale, telle qu'une moitié de moi, dans ce récit la moindre, l'imagine, encore faut-il que suscitant Sapir en rêve au moment précis où je le vois se révéler banalement imaginable, je rêve du même coup ce qu'il imagine soudain et qui pour lui, qui jusqu'alors imaginait ce que je rêve, prend par comparaison l'aspect d'un rêve, d'un cauchemar.)

Reb Sapir, donc, depuis la scène chez Witold, vivait dans une sorte d'absence.

Il n'écrivait qu'à peine, des bribes, des fragments qu'il n'avait même plus envie de reprendre ou de détruire. Les prières, les bénédictions, les gestes rituels dont s'émaille la journée des plus pieux des Juifs pieux, il les accomplissait non pas *mécaniquement,* mais avec l'application consternante d'un malade.

(J'essaie de voir avec ses yeux. Blancheur des draps brodés, bois noir. Dans le grand lit, Temra en chemise blanche, un sourire immobile sur son visage doré, ressemble à la statue lointaine et belle d'une morte.)

Non, Reb Sapir n'avait pas le cœur sec. Je crois qu'une chaleur l'habitait par moments. Au moment des prières, une chaleur banale, une chaleur nouvelle et neutre, sans horizon. La sécheresse était autour, le froid autour d'un îlot de chaleur, sans drame aucun, réconcilié. Oui, la paix, malgré tout, paix des terres vides et du ciel vaste. Le calme de l'abîme immédiat, le plus proche, sans plus d'angoisse, sans plus de tentation.

Je n'imagine plus, maintenant, je rêve son rêve. Toute la nuit, au-dessus de sa tête, un bruit de talons qui martèlent. Sapir bouche ses oreilles, il va crier, un cri l'aspire : dans la chambre sans meubles, en haut de l'escalier, Lilja la servante, sur le parquet, offerte. Il va vers elle, alors ce pelage humide. La renarde. Sapir voudrait crier, impossible, c'est un rêve, il s'enfuit en courant, ouvre la porte, tombe en avant : couchée sur le lit noir, Temra blanche comme une morte ouvre ses bras, elle va l'étreindre, sa chemise blanche grandit, s'enroule autour, va l'étouffer, sous lui devant un immense corps de glace écrase et tranche.

Jacob Sapir s'est réveillé. Couvert de sueur froide, il tremble. Sa femme est intouchable en ce moment : c'est l'ère du gel. Il s'est cru trop tôt guéri, il empire. (« Le Maître vieillit », dit Mendel ; il perd sa tête, irréversible.) Sapir ne sait plus ce qu'il fait, monte et descend les escaliers, il voudrait réveiller Temra, entendre le son de sa voix ; mais Temra dort portes fermées. En vain, geste risible et humiliant, il a collé son œil à la serrure : on ne voit plus rien dans ce puits, de femme aucune ni de fantôme, pas de lumière, rien que la nuit.

Je l'imagine, tous ces jours, je rêve à lui plutôt, nouveau Jonas, tandis que sur un autre écran Haïm Lanski, d'une rude poigne de scieur de planches, étrille au chiendent l'abdomen de ses haquenées.

Qu'est-ce qu'un provocateur, si l'on pense au pope Gapone. Une provocation n'est pas une manigance ; c'est même le contraire d'une manipulation. Le provocateur ne crée pas : il fait en sorte que quelque chose arrive. C'est ainsi, sans nul doute, que put agir Grunitzki. Une provocation grossière, si l'on songe par comparaison aux intrigues du carambouilleur, au cheminement de Reb Sapir ; mais quoi, Dieu ne s'est pas montré subtil face à Job, il a créé les animaux d'abord et l'homme ensuite, d'abord le corps, après le souffle, et en premier le goy avant le Juif. Il n'est d'ailleurs pas dit que ne se cachait pas, derrière le métayer de Kowal, quelque stratège obscur et raffiné, Witold peut-être, à supposer qu'il fût lui-même son propre maître. Avant qu'on puisse parler d'un sens, il faut que l'événement ait lieu ; sans l'amiral, sans Grunitzki, l'histoire de la commune de Plotzk ne serait pas sortie des limbes — oui, parole vide, un pur exercice de style pour kabbalistes de progrès.

— Aheu, disait La Bourdaisière, pâmé sur le duvet des pêches. Que dites-vous, mon cher général, de cette rustique cagna ? Ma fenêtre admire l'ovation que les branches déplumées font aux ailes roses du jour migrateur. La déclive clarté discrimine, vaporeuse, de l'ombrescent feuillage tel fruit, telle feuille en lesquels affleure, déjà, le secret feu de l'automne. Du souffle de ses naseaux, un cheval disperse l'ataraxie de l'onde, et voici le couchant flamber sur la croupe dans l'entrée d'écurie. A peine par instant si piaule la chevêche encore ; l'étoile Vesper m'interdit d'allumer la lampe ; c'est le camp du Drap d'Or dont se retire le soleil octobrite.

— J'en suis moins certain que vous, cher amiral, répond Jozef. Les bolcheviks sont loin de faire retraite. Appuyés sur Lemberg, ils menacent Lublin. Que font les Ukrainiens pendant ce temps ? et les Cosaques ? Sans compter que Wilson, cet abruti illuminé, peut à chaque discours nous couper l'herbe sous le pied.

— Aucune flotte polane, au reste inexistante, ne peut, cher général, investir Pétersbourg.

— Amiral, ma ptite colombe, reprend Pilsudski doucereux, votre seul vaisseau me suffit.

Le plan polonais était simple. Le général en chef l'avait secrètement conçu avec De G..., l'aide de camp : tant il est vrai que képis et moustaches, par-delà les frontières, savent toujours se reconnaître. Il ne s'agissait en somme que de remonter la Vistule en canonnant de-ci de-là pour faire peur aux populations. Ainsi, en attendant l'offensive finale, empêcherait-on au moins que s'ouvre un second front à l'arrière des troupes alliées ; le nettoyage viendrait plus tard.

A Plotzk, cependant, tout se passa très vite. La foule dans les rues, vue du clocher de l'église, grouillait comme un boyau secoué de lents spasmes. Ce mouvement brownien de ver de terre désorienté se transforma soudain en une circulation de globules. « Il se passe quelque chose au château », disait-on. « Oui, une salle de torture au fond des oubliettes. » « Plein de prisonniers encore, délivrons-les. » Une femme hurle : « Il faut les pendre haut et court ! » — Cris et soleil ; là-haut, Nathan, la tête sous les cloches, entend quel courant de rumeurs électrise le flot visqueux ; l'expérience réussit, dit-il en jubilant ; saute comme un fou, tire de toutes ses forces, s'accroche de tout son poids aux lourdes cordes de chanvre, en agitant ses jambes dans le vide comme un pantin.

Plus de grille au château, depuis un mois, la foule pénètre. Des enfants armés de fourches harponnent dans les bassins d'énormes poissons aux yeux gras ; crocs de bouchers et planches à clous, crevant les peaux glaireuses, piquent dans la chair caoutchoutée d'où giclent des fontaines violettes. Déjà il n'y a plus un seul carreau aux fenêtres ; portes enfoncées, meubles éventrés, vases brisés qu'un pied écrase en miettes, dentelles souillées. La haine monte aux visages, tout l'amour humilié des générations perdues. Des millénaires de corvées, de famine et de coups de fouet, des millénaires de filles violées et d'enfants morts donnent l'assaut, investissent la place, ligotent le temps prisonnier. Un cri trop aigu pour sortir garrotte le dernier instant : des poings s'écorchent aux lambris ; un crâne cogne et éclate contre le marbre d'une cheminée ; des corps à moitié nus se tordent sur les tapis, d'autres, raidis, s'effondrent au milieu des vomissures.

Longtemps, le soir et toute la nuit, feux et fumées. De la Plotzk juive, on aperçoit une lueur, tout le monde sait. Les vieux, volets fermés, prient en silence dans le noir. Rivka pleure. Elle cache ses yeux. Je vois ses mains et ses cheveux. Mendel, voûté dans la pénombre, apprend à voix basse un discours.

Tous ces jours, oui, Sapir. Et cette nuit surtout, cruciale : coupé du monde et prisonnier comme Jonas dans sa baleine. Je l'imagine, je rêve son rêve, noir habitant d'une maison noire. Bougie à la main, il jubile, monte et descend les escaliers, écoute aux portes et murs épais le silence du monde terreux. A pas de chat, neuf en long, six en large, il fait comme un avare le tour de son bien, compte ses pièces ; tâte d'une main noueuse les plinthes, les tuyaux, touche les villosités de la panse maternelle, pose l'oreille à fond de soute contre les boyaux qui ronronnent.

Effrayant, ce que Sapir bouffe. Il pompe littéralement. Calé dans un fauteuil percé au trou sans fond, il n'est plus qu'un lieu de passage, entonnoir en haut, noir en bas. Soudain la machine se bloque, une barre enserre son ventre. Très vite et crescendo, comme on remplit une bouteille, un lourd torrent de nourriture se déverse en lui, il étouffe, il perd connaissance, se réveille.

Un cri.
Lumière noire.
L'air aigu, froid de neige.

Aspiré. Expulsé. Où est-il maintenant ? Le cul dans les glaçons. Sans caftan ni calotte. Doué par contre, apparemment, d'un long prépuce qui bat la mesure (je dis apparemment parce que ses yeux n'accommodent pas). Ceci doit être encore un rêve, si le bon sens ne me trahit. Attendons, pour savoir, la suite des événements ; grimpons, plutôt, monte là-d'sus, monte là-d'sus, en haut de cette colline ; tu y verras plus clair, peut-être, on rencontre toutes sortes de choses sur les montagnes ; moi, pour ma part, je reste en bas, il me faut une rime à Montplotzk.

Les Bolcheviks campaient entre Lvov et Lublin. On voit encore, vers Krasnobrod, les traces du corral qu'ils établirent dans la plaine lorsqu'ils concentrèrent leurs troupeaux en vue de la prise de Zamosc ; quelques villages fantômes, dont on conserve pieusement les restes, entretiennent de nos jours le souvenir de l'épopée.

Toukhatchevsky et Boudienny plantèrent leur Q.G. à Belzec. Lénine et Trotsky, à l'arrière, s'étaient installés à Lemberg, d'où ils supervisaient l'action. Lénine, dont le crâne chauve ne supportait pas le képi, avait adopté le costume civil ; Trotsky au contraire ne quittait pas son uniforme, craignant d'irriter les masses parce qu'il était juif et myope.

L'historiographe doit ici faire montre de circonspection. L'extrême fluidité du front, dans cette campagne, nous oblige à conserver un œil fixé sur la chronologie. Une grande constante, en revanche, persiste à travers tous les faits : Lénine, Trotsky, Staline, tous les chefs bolcheviks, se sont complètement trompés sur ce qu'on appelle « question juive ».

L'erreur remonte à Marx ; Marx remonte à Hegel.

Personne, en effet, dans l'Occident chrétien, n'a jamais compris le sens de ces deux mots.

S'il y a « question juive », c'est parce que les Juifs aiment poser des questions.

Socrate faisait pareil, d'où la ciguë, autre pogrome. Mais il n'y a pas de « question grecque » : je suppose que Xanthippe, du point de vue physique, ne valait pas Sara, même vieille. Abraham pédéraste, fini, pas d'Isaac, pas de Jacob.

J'aborde maintenant mon second point.

L'idée de Révolution repose sur celle, paradoxale, d'une nature humaine utopique. L'image messianique transforme cette abstraction en mythe ; l'événement vécu de l'appel, qui seul à vrai dire a lieu (mais il faut bien se faire comprendre), fait du mythe une réalité.

Il suit de là que l'idée de Révolution n'est pas scientifique, mais judaïque. Toutes choses inégales d'ailleurs, constatons que Doktor Goebbels l'a mieux saisi que le grand Marx. Si Hölderlin avait vécu au lieu de Hegel-Bonaparte, Moses Hess aurait été Marx et Gustav Landauer, Lénine.

Ces considérations confirment l'image que j'avais de Nathan.

A Brandeis University, vers la fin des années cinquante, le Prof. Morris M. Morgensztern confia ces mots à H. Marcuse :

« — Je ne regrette qu'une chose dans ma vie. C'est un secret, oui, à quoi bon : de toute façon nous aurions échoué. C'est Léviné, et non Nathan Schoeps, qui avait raison en 18. Remarquez bien, mes adversaires diront que l'échec est un tort. Alors Lénine aussi a tort, et Robespierre à tort, et Marx. La nuit est plus ancienne que la lumière, elle se reforme.

Un seul homme, peut-être, un seul à Plotzk avait su voir — et cet homme n'était pas Mendel. »

Le trente et un du mois d'ahoût, une frégate quitta Dantzig. La Bourdaisière l'avait frétée sur les conseils de Pilsudski : piètre navire pour l'amiral, le *Terrifique* n'était pas grand, mais comme la Vistule fait des coudes, un petit bateau, c'est certain, y pouvait mieux virer qu'un gros.

Terrifique portait deux canons, Fomalhaut et Sainte-Blandine. Comme la Vistule a deux rives, cette couple de pièces suffisait ; mais il fallut déménager la Sainte-Blandine d'abord. Prévue pour tirer sur Cronstadt, la frégate visait babord ; déviée plus tard vers Pétersbourg, on dut réarmer à tribord ; enfin, gardé à gauche, à droite, et de face à cause des vases par un nez de marie-salope, Aymar s'avance sur le fleuve.

Tous ces travaux de menuiserie requéraient une compétence.

Ce fut la chance de Haïm : il y gagna la protection du comte de la Bourdaisière. Lâchant la scie pour le chiendent et le balai pour le guillaume, il était partout à la fois. Finalement, le comte en quelque sorte l'anoblit : de palefrenier-étrilleur, il devint second écuyer, chargé de veiller sur madame.

J'essaie de voir avec ses yeux : deux quinquets naïfs, bleu bourrache. Haïm Lanski est un espion, il connaît bien ce qu'il doit faire ; il a appris par cœur les directives du comité, la nuit souvent il se récite tous les points de la marche à suivre.

L'amiral est un ennemi, Haïm répète. Un ennemi. Pécheur en Israël, Reb Sapir criait à Nathan. Le tsar est un ennemi des Juifs, les riches sont les ennemis des pauvres. Maman pourquoi nous sommes juifs et pas les Russes, pas les polaks. Pas fait long feu la mère Lanski, David tais-toi, Haïm est là, Haïm est une vraie fille et toi Mendel écoute, tu vas nous faire tous pleurer, ferme-la. C'est Lui qui l'a voulu, je ne sais pas, je ne sais pas. Les ennemis des Russes sont comme eux, est-ce que Nathan est un ennemi, je ne sais pas, non, tous les autres, personne nulle part n'aime les Juifs. Tais-toi, Haïm, tais-toi, petit oiseau moi je, tais-toi, tais-toi. Petite mère Lanski, petite bonne femme. Sacrés habits Monsieur Labordizir, sacrés jupons. Sacré dommage de devoir l'foutre à l'eau, Witold tu es fou, non Kantor, Witold a sacrément raison. Gé-nial, Witold. Mendel a foutument raison, sacré Witold.

Ah si maman voyait ça, camarades.

Camarade Lanski, petit oiseau, ta maman t'aime, la princesse Labordizyar est plus belle que la tsarine. Sulamith, Sulamith, toujours à cheval, elle en haut toi en bas. Amiral c'est chef de marine, à bas Labornedzar, dentelle dentelles ;

Liou, liou, poupiniou,
poupiniou, poupiniou.
A l'eau le tsar !
Le tsar à l'eau !
A la flotte, à la flotte, à la flotte le tsar !
A la flotte,
à la flotte,
à la flotte,
plouf.

Une pluie sinistre, non, douce, doucereuse, tombait sur Plotzk dans les derniers jours d'août : fumée bleuâtre, gouttes invisibles, oui, cette même pluie qui endormait Paris, à l'heure déclinante où j'écrivais ces lignes, moi Marc Petit fils de et de, ce dimanche 22 juin combien, premier jour d'un été pourri d'avance comme tous les autres, cinquante-sept ou combien d'années pourries plus tard : tombait sur les orties immenses, sur les chemins boueux et les éteules, tombait presque immobile sur les toits de ce trou obscur, de ce vague chef-lieu peut-être, est-ce que je sais, sur l'œil double aux sourcils froncés des maisons mortes.

Est-ce que je sais, Mendel était assis et Rivka pleure, Rivka assise se tait et ne pleure pas, Mendel debout ; Mendel regarde dans la glace, Rivka était debout et se taisait, Mendel assis lit un discours oreilles bouchées, je vois qu'il bouche ses deux oreilles avec ses mains.

Un jour à Prague.

Prague, un cimetière noir au fond d'un puits, un puits immense, Méir le colporteur l'a raconté à Haïm, Reb Sapir autrefois l'a dit à Mendel et Nathan.

Un jour, à Prague il y a la tombe de Rabbi Loew, c'est lui qui fabriqua le Golem, sacré bonhomme.

Sacré Golem, a répété Nathan. Il nous ressemble, il n'a pas d'âme.

L'Histoire est un Golem, pense Mendel.

— Il faut le tuer.

Est-ce que je sais, Rivka dis-moi, si la Révolution était aussi le Golem, la machine implacable et ces affreux rouages faussés.

Rabbi Yaakov, Nathan s'approche, écoutez Schoeps le Talmudiste. — Rabbi Yaakov, voici mon commentaire.

« L'homme est le langage de Dieu. » Dieu s'embrouille, sa phrase ne tient pas. Dieu a créé le monde par erreur, dans un moment d'égarement, d'absence d'esprit. Ce n'est pas Rabbi Loew, c'est Lui l'irresponsable. Il était saoul ce jour-là, voilà tout.

— Sa phrase pouvait tenir. C'est l'homme qui l'a défaite. Rien n'a plus de rapport avec rien. C'est toi qui l'as dit, Nathan, tu te décris.

Mendel regarde sa figure dans la glace.

Cloîtré dans sa maison, Sapir regarde aussi. Nathan a vu à Vienne la nouvelle peinture, on appelle ça l'abstraction, des taches des lignes. 1912 et 13, c'est comme Herschel et Le Verrier : coïncidence d'époque, Malevitch, Kandinsky, Dupont. Ensuite est venue la Grande Guerre : les peintres l'ont prévue, pense Mendel, Le Rizhiner, pense Sapir, cette gigantesque galerie de gueules cassées, de membres épars. Les Kabbalistes, pense Sapir, — Léonard de Vinci, Nathan — les Kabbalistes savaient que l'homme est fait à l'image de Dieu : les yeux, le nez, le sexe, chaque chose à sa place chez l'homme comme en Lui. Le tout tient dans un cercle, le tout est un cristal. Science morte, homme décomposé, à quoi ressembles-tu maintenant, oui, regarde : tout tourne, tout grince, tout s'efface, les sephiroth dansent le quadrille. Il y avait des Juifs au château, Nathan raconte, il en est fier. L'œil, le nez, la bouche n'ont plus de rapport entre eux ; le monde est un capharnaüm, une chatte n'y reconnaîtrait pas ses petits.

Le rire de Sapir. Sapir cul dans la neige. Il n'y a plus de saisons, en quelle année sommes-nous, 18 19 ou 21, mais toute l'histoire est inventée, elle n'a ni queue ni tête, elle n'est même pas fausse si rien n'est vrai, oui, c'est du vent ; Plotzk s'appelle aussi Pinsk, ou Minsk, ou Kotzk, Vitebsk, Witold le tentateur avait raison ; Luftmenschen, hommes de buée, tous ces personnages sont des faux, ou des Golems plutôt, des ectoplasmes ; la seule chose réelle, c'est le rire de Witold, c'est le rire de Sapir, est-ce que je sais si c'est le même — le même que celui du Rabbi de Bucsacs, trente jours de fou-rire chez le Berditchever, de quoi crever dit la légende, de quoi revenir ;

Et voilà, Mendel Léviné s'appelle aussi Boukharine, Mendel tenté par le non-sens secoue la tête, se ressaisit, je le vois allumer la lumière, Rivka de dos, Rivka soudain depuis toujours la mère de Haïm, la petite Juive, Rivka la silencieuse aux mains rougies, Temra Sapir, oui, mon aïeule de Lomza, la petite mère Tchekhapolski, la couleur d'or des gros beignets de matzemehl un jour d'octobre,

secoue la tête, il pleure, il ne peut plus se retenir, pleure de tristesse et pleure de joie, soudain c'est fini, il s'arrête —

« — Du pain et un pardessus chaud », disait le prince. Rivka, je sais. J'ai veillé un peu tard, cette fois le discours est fini. « Nous sommes tous des princes, mais nous l'avons oublié » : c'est une phrase que Sapir citait. Une phrase révolutionnaire. J'ai encore mieux pour terminer, une formule du Rizhiner. « Le sot regarde les éclairs, le sage le chemin qu'ils découvrent. » C'est Nathan qui va encaisser, j'accepte tout, Rivka comprends. Au point où nous en sommes, pas de retour en arrière, de regrets. Le peuple agit. Le précéder, le suivre, non : ce qu'il nous faut, à nous, c'est essayer de *voir plus loin.*

Les généraux polaques.
Les Blancs.
Andréi Grunitzki.
Witold.

Grunitzki était-il un traître ? Avec un goy, on ne sait jamais. Pour être un traître, il faut avoir quelque chose à trahir. Chez un Juif, on voit quoi ; chez un goy, non. Les gens des nations sortent de rien, donc rien à perdre. N'ayant pas de mémoire, ils s'inventent un passé, jouent comme des enfants à se donner des titres de noblesse ; aucune différence entre les rois blancs, les rois nègres, si ce n'est que les premiers ne font plus rire personne et causent plus de dégâts avec cette manie qu'ils ont tous d'envoyer autrui se faire tuer pour défendre l'honneur de leur propre liquette.

Il ne semble donc pas que Grunitzki ait pu, disons, être *vendu* à la cause des nobles. Joseph Pilsudski lui-même, comme Benoît Mussolini, n'a pas *trahi* la cause socialiste. Il s'en servait pour se faire connaître : ses idées ont changé avec la conjoncture. Ce genre de socialisme, c'est liquette et raison d'Etat. On le reconnaît d'ordinaire à ce que lui seul « réussit ».

Gouverner, dans ces conditions, suppose qu'on sache viser. Le malheureux Paderewski offrait en vain sa démission : l'arme pointée sur les mains du pianiste, les hommes de Pilsudski veillaient dans les coulisses. Ces trois années de concert-marathon furent un calvaire pour Ignacy. Dès que ses doigts rhumatisants quittaient le clavier du piano, l'affreux déclic d'un pistolet qu'on arme le forçait aussitôt à bisser, trisser même ; chaque jour, le public, qui ne comprenait rien à rien, prolongeait la torture en redoublant d'applaudissements. Tout le répertoire y passa, des vingt-quatre préludes aux polkas : un jour de 21, enfin, l'infortuné homme d'Etat, au moment d'attaquer la célèbre *Marche Funèbre,* s'effondra foudroyé sur l'instrument de son supplice.

Du côté des Russes rouges, les mêmes méthodes avaient cours. Quatre hommes, déguisés en sous-fifres de province, surveillaient nuit et jour les principaux chefs bolcheviks. L'un de ces hommes était une femme, une certaine Fanny Kaplan ; on avait espéré qu'elle circonviendrait Lénine, jugé trop chaste pour n'être pas suspect. Le Géorgien Djougachvili s'occupait de Léon Trotsky. A force de toujours fourbir les lunettes du père Bronstein, ce colosse humilié conçut pour lui, pour les Juifs et pour tout ce qui pense, une haine farouche et secrète.

On comprend bien, en comparant ces faits, que certains aient cru bon d'émettre l'hypothèse selon laquelle Rouges et Blancs n'auraient été dès le début que des pions antagonistes aux mains d'un échéphile génial. Ce stratège aux vues biscornues n'est pas pour l'heure identifié. Citons pour mémoire la vieille théorie d'Adolf Schicklgruber, qui met en cause les Juifs et la franc-maçonnerie (ni l'une ni les autres n'ont gagné à ce jeu). Si l'on suppose, en revanche, que l'Histoire entière de ce siècle gravite autour de Plotzk (de même que l'on dit de la tombe de Loew qu'elle est le « centre mystique » du vieux cimetière de Prague), il apparaît alors qu'une seule de nos figures a pu jouer le rôle incriminé : Witold. Nous savons en effet que ce fin diplomate tient dans sa main Haïm Lanski, le menuisier ; si le colporteur Méir est aussi un de ses hommes — nous avons vu qu'il connaît l'Orient et la Russie — rien n'empêche de penser que Kosowski a eu recours à ses services pour faire espionner les chefs Rouges. J'ai dit « jouer le rôle » : il est absolument possible que Witold n'ait été lui-même qu'un instrument aux mains du vrai stratège. Au demeurant, ne perdons pas de vue que toute cette histoire est fausse, non, inventée. J'aurais même dit jusqu'à avant-hier, c'est moi qui suis, dans tout ce jeu, dans la position du stratège ; mais avant-hier, au déjeuner, comme je parlais de cette œuvre, ma grand-mère soudain s'écrie :

— Mais Plotzk, Plotzk, c'est là qu'est né l'oncle Maurice !

Moi aussitôt, je ruse — comme Witold — : Plotzk ou bien Plonsk ? Pourquoi pas Pinsk ?

— Plotzk ! répète ma grand-mère. J'ai dit Plotzk et pas Plonsk.

Depuis, fait comme un rat, non j'exagère : puce à l'oreille, depuis je me suis rappelé que l'oncle Maurice s'appelait *Mendel.*

Et de nouveau le soir. Volets fermés, hors de l'Histoire : quelque part à Plotzk ou ailleurs, la table mise, la nappe de neige.

Jours de pluie, de brouillard, septembre ou juin peut-être, saisons mêlées. Comme tout ceci paraît un rêve, lumière bleuâtre, soleil poudreux. C'est ainsi qu'il neigeait le jour où Reb Sapir tomba : trois taches rouges sur fond blanc, plutôt vermillon que carmin. Le temps est immobile, rien avant rien après, la table est mise au fond d'une trappe, au fond d'un puits sans fond, ils tombent, ils tombent. Tout autour sont des murs noirs, les chaises se dressent comme des tombes, le sang qui tourne en rond aspire la vie au fond du corps, aspire les corps au fond d'un tourbillon sans fond, le vide qui suce. Il ne faut pas avoir peur de la peur. La peur derrière la porte noire veille comme un grand chien noir, la nuit qui nous expose est notre espoir et nous protège. Plotzk, Plonsk, Pinsk, Minsk, Sadigor, Majdanek. Monde noir, ville noire, quartier noir, maison noire. Quand venaient les Cosaques, raconte ma grand-mère, il fallait tout éteindre, pousser l'armoire contre la porte. Nous habitons une bulle noire, qui nous a enfermés dehors ? Attendez, vous les nations, qu'abritait un jour frelaté : votre soleil déjà faiblit. Comptez vos bombes et vos deniers comme un enfant compte ses billes, il vous reste peu de temps à jouer. La même nuit qui nous a pris déjà commence à vous gagner : vous n'y survivrez pas, vous n'êtes pas prêts, nous seuls la connaissons, nous avons l'habitude d'y vivre. Quand nos familles se réunissent, Reb Sapir parle au tribunal, les portes ne sont pas fermées, elles donnent sur la nuit sans bornes. Du fond de l'abîme en spirale, est-ce que j'entends grincer les marches, celui qui veut peut monter jusqu'à nous, l'assiette blanche est mise pour l'invité. Qu'il vienne pour nous tuer ou pour nous délivrer, nous sommes également prêts, ni patients ni impatients ; mais Toi, rengaine tes miracles si c'est pour accomplir l'espoir, car *personne ne peut nous surprendre.*

Haïm n'a pas osé tuer Babou. La chose est

dite. Voici comment elle se passa : Haïm Lanski, ouvrier menuisier de confession mosaïque, né à Plotzk vers 1890, taille un mètre cinquante, poids quatre-vingt-treize livres, tomba début septembre amoureux de la Comtesse.

Le Comte de la Bourdaisière remontait le fleuve à cheval. Cette formule insolite mérite une explication. L'amiral, conformément à sa mission, n'a pas quitté le navire qu'il commande : mais il le gouverne à cheval, entre ses deux canons, sextant en main. Devant lui (car il est jaloux), sa femme chevauche, immobile. Zoé, qui s'ennuie toujours, lit *la Chartreuse de Parme ;* l'ombrelle blanche la protège du soleil et de la rosée. Haïm Lanski, son écuyer, commence à s'ennuyer aussi : rien de plus assommant qu'un fleuve, si ce n'est peigner la girafe. Tel est, précisément, le travail auquel s'emploie Haïm. *Miraviglioso,* le cheval, s'ennuie encore bien plus que lui. Gagnée par un spleen byronien, la pauvre bête « somatise » ; pour dire la chose crûment, elle n'arrive plus à uriner. Aussi voit-on Haïm Lanski s'armer d'une boîte et d'une salière ; la boîte ronde est pleine de sel et la salière contient du poivre. De sa main droite, Haïm soulève la queue du canasson et tente (plutôt en vain, nous semble-t-il) de saupoudrer vigoureusement un lieu, déprimé entre tous, que la décence ne nomme pas. De l'autre, la chose est plus facile mais (nous le verrons) périlleuse, il s'efforce de faire tremper dans le contenu de la boîte l'ineffable objet du délit, qui bronche d'horreur à ce geste.

Mais tandis que ses mains se livrent à cette besogne sans attrait, les yeux de Haïm Lanski, forcément détournés des eaux grises de la Vistule, sont venus se poser sur un plus doux objet. Haïm est si petit et le coursier si grand qu'il ne dépasse pas les guêtres de Zoé ; à l'abri de sa tignasse jaune, prudemment il hasarde un œil vers les hauteurs de tulle et fasciné par les blancheurs, les bras comme un épouvantail, vide sans le vouloir la salière à côté. Quelle jolie scène pour un Monet, cette dérive fluviatile ! sur fond bleu ciel, l'ombrelle blanche, sous l'ombrelle les jupons blancs, Haïm plus rougeaud que jamais sous ce double couvert de dentelle : lorsque soudain, une voix tonne, c'est l'amiral qui a tout vu ; un fouet pourfend les airs, Haïm reçoit le coup en plein. On lui tend la salière vide : « Cet idiot l'a versée exprès. » Ici, grâce au docteur Lajoie, nous comprenons les dessous de l'affaire. Ce que le comte reproche à Haïm n'est pas son manque de compétence. Depuis une heure, Babou de la Bourdaisière n'a pas quitté des yeux *Miraviglioso*. Certes, il a de lui-même une haute opinion ; ne manquant ni de force, ni de personnalité, il met son point d'honneur viril à se dire descendant des Prussiens de Neufchâtel. Cette prétention ne l'empêche pas de jalouser son destrier. Rêve-t-il en secret d'être à la place de Haïm, à celle de Zoé ou à celle du cheval ? Passons, passons, obscure est l'âme des héros. Il a suffi que Haïm Lanski lève les yeux vers la Comtesse pour qu'éclate soudain la foudre qui sommeille. Aussitôt, c'est la curée, un pogrome comique. La valetaille se déchaîne, les quolibets ont quartier libre. La culasse chargée de genièvre, *Miraviglioso* se réveille : d'un jet de pompe à incendie, il manque noyer le coupable ligoté à l'avant du pont ; enfin, battu, trempé, traîné par les cheveux de long en large et haut en bas, Haïm se retrouve en paix, comme Sapir, bouclé à fond de cale.

Raté. A cause d'une femme, pense Haïm, c'en est fini. Labornedzar va sûrement me fusiller, la reine avec. Il faut que je m'échappe, Maman protège ton fils, vite ma scie égoïne que je m'évade de ce déluge. Bientôt un grincement, un suintement, une planche cède : mais impossible de sortir, c'est l'eau qui entre, un jet de baleine propulse Haïm comme un bouchon vers les hauteurs et le bonhomme retombe assis, à califourchon sur une selle qui flotte, redescendant la Vistule vers Dantzig.

Le *Terrifique* a sombré corps et biens ; l'espion Haïm Lanski vient de vaincre la France. Seul des hommes de l'équipage, l'aide de camp a réussi à s'en sortir : de là, il va gagner le Q.G. de Weygand et poursuivra jusque bien tard la glorieuse carrière que l'on sait. Cependant, quelle est cette bulle blanche que je vois qui vogue sur les flots ? Ne serait-ce pas la divine Zoé, miraculeusement rescapée du naufrage ? Oui, une grande bulle et une petite : blanche crinoline et blanche ombrelle, gonflées d'un air captif et salvateur. Va, pauvre Haïm Lanski, jusqu'au bout tu seras le Noé inverse : ton arche brisée, une femelle te suit, sacré butin de Dieu tout recommence ; et elle qui ne parle même pas yiddish, va savoir maintenant où est Plotzk, la suite au prochain numéro.

Hommes de buée. Hommes de souffle. Mendel l'aveugle, le clairvoyant.

Oui, en yiddish « clairvoyant » c'est aveugle, un euphémisme disent les savants, comme si eux-mêmes y voyaient quelque chose.

Nathan tient quatre noix dans sa main gauche. Cinq, c'était le record du Yéhoudi de Przysha. Un beuglement de bûcheron : trois sur quatre, putain de dernière noix.

Presque aussi fort que Trumpeldor, ricane David Teitelboim. Voilà où mène le culte de l'énergie.

Volée de coquilles de noix. David fait semblant de pleurer. Nathan monte sur le comptoir, le pied droit sur trois gros registres : Œdipe sans Sphinx, Hamlet sans crâne.

— Nobles Messieurs, je serai bref. Messieurs, qu'est-ce que l'action?

— C'est nous.

— Messieurs, le monde se laisse aller. C'est ça qu'on appelle l'action.

Pourquoi, chers camarades, ai-je cassé ces noix? Parce que rien ne m'y forçait, je viens de donner la réponse. Lisez ou relisez maintenant « Au Commencement ». Le monde est né du caprice d'un barbu. Si nous sommes faits à son image, à nous d'agir de même. Désir fait loi.

— Nathan, Nathan, dit Mendel, quel théâtre. Songe que le baron Grunitzki te regarde.

— Je le trouve très bon, dit Andréi. Meilleur que vous.

Mendel est fatigué. Il n'a pas fait de mot d'esprit.

— Baron, dit-il, je me sens responsable des fredaines de mes lieutenants. J'ai beau ne pas être un grand tamuldiste, il faut que je réfute la version de notre collègue. J'ai souvent entendu notre tzaddik parler du Livre. Comme Monsieur Schoeps, il surestime tout ce qui précède le début. Coupage de cheveux en quatre sur le Dieu sombre, sur la nuit. En vérité, le monde commence avec « que la lumière soit ». C'est à l'homme, par avance, que s'adressent ces paroles. C'est maintenant à nous d'agir, comme toujours.

(Grunitzki ne pipe pas mot. Il ne s'intéresse

pas aux arguties. Sacrés youpins, doit-il penser, on a presque envie de lui donner raison. Sacrés discutailleurs, comment réussir à vaincre le Capital au milieu de burettes d'alchimistes et de compte-gouttes. Un Pilsudski, au moins, voilà ce qu'on appelle un homme. Des paroles brèves, sèches, claires. Les bolcheviks devront y venir s'ils ne veulent pas être balayés : et d'abord, liquider cette cabale des soviets.)

Grunitzki ne pipe pas mot. Nathan est redescendu de l'estrade. Dans un coin de la pièce, le kantor balaie les restes de sa démonstration. D'après l'Histoire, c'est ce soir-là que Mendel Léviné prit la décision d'accélérer le processus en cours. Le temps s'était, depuis le douze septembre, mis au beau : la campagne brûlée séchait, au loin des hordes d'Allemands hirsutes s'apprêtaient à capituler devant des meutes d'alliés couverts de poux. Je ne devrais pas le dire, mais je crois de moins en moins que toute cette histoire s'est passée en 1918. Hiver 19 plutôt, oui, Plotzk sous la neige, les traîneaux. Il neigeait bien quand Reb Sapir fut fusillé. A supposer que cette invention soit la bonne, on peut penser que la justice militaire n'a pas tardé. Les faits remonteraient donc, disons, au plutôt à décembre 18. De toute façon, comme personne n'a jamais parlé des bocaux, voilà une chose sûre. Les bocaux brillaient au soleil. Les bocaux, donc, brillaient et la lumière poussiéreuse, etcetera etcetera, zébrait de rouge-orange la figure de Mendel. (A cause du store.) C'est ce soir-là, personne n'en a jamais parlé non plus, que Mendel Léviné décida la confiscation de tous les biens non encore détruits. Allons jusqu'au bout du programme : des Conseils dans chaque village, les Juifs de Plotzk s'en vont, prédicateurs itinérants, faire dans tout le district des grands discours. Caisses à savon. Il manque des armes, le kantor dit qu'il faut tenir encore deux mois. Mendel répond, c'est une finesse psychologique, n'attendons pas tout de l'armée russe, la Révolution éclate en Allemagne. Mais personne n'a jamais parlé de Mendel, Léviné est le nom d'un révolutionnaire de Bavière, des fois que Lénine lui-même n'aurait pas vraiment « existé ». Oui, ou plutôt non, tout ne se complique pas, se simplifie. Ce qui reste de Lénine n'est pas une « œuvre », l'œuvre c'est le travail du peuple russe, mais une image. Il reste de Lénine ce que nous voulons bien en dire, nous par exemple Staline et compagnie, il n'est longtemps resté de Léviné que ce qu'en disaient les nazis. Ce n'est pas avec des faits précis qu'on fait une révolution, mais avec des souvenirs, comme un roman en quelque sorte, pas un roman à la Babou mais celui qu'ici j'écrivais, en plein cirage-lumière comme Mendel, un 26 juin je le concède, tenez, 26 juin 75, dites-moi l'importance de ce détail pour vous fictif, fictif déjà pour moi, j'ai perdu mon calendrier. Et voici qu'une fois encore je veux parler de mon grand-père, lui non plus ne savait pas quand il était né, première chose, deuxièmement ne reste de lui que ce que j'aurai raconté. Est-ce que pour dire la vérité je dois récuser ma mémoire, récuser la sienne plutôt dont il ne reste que mes souvenirs ? Et pourtant, maintenant, pour vous, ce quelqu'un d'autre existe, ombre minime parmi tant d'ombres sans plus de consistance, Vladimir Lénine, Léviné ; ombre, ce tzaddik Shapira dont on dit qu'il a existé, quatre lignes dans un gros livre aux cinq mille noms, même pas relevé à l'index ; ombre encore, ce Mendel sorti de mon invention, de ma mémoire aussi peut-être, aveugle à certaines choses et clairvoyant à d'autres, aveugle parce que clairvoyant, *Luftmensch* comme je l'aurai été moi-même dans ce moment bientôt passé où je n'étais plus que parole, encore trois mots, souffle et buée.

Cependant, c'est-à-dire pendant que nous rêvions, Mendel et tous les autres et vous et moi, rêvions et dérivions au fil toujours perdu et retrouvé d'une espèce d'impression subjective d'exister ; pendant que mon grand-père, pour ressembler à Chaliapine, se lissait les moustaches entre deux coups de guillaume, et qu'un air de crincrin, sans justification aucune, soudain s'élève d'un soupirail obscur, à l'heure puante de la sieste, entre les murs jaunis d'une ville désormais sans nom,

une autre histoire, oui, parallèle, ou plutôt complètement abstraite, sans rapport avec rien de vrai, mais dont le discours délirant, pour mieux égarer les vivants, ferait semblant ici ou là de recouper le fil du nôtre, citant un nom connu, un lieu,
déposait ses strates au fond du grand Larousse.

L'établissement de la démocratie polonaise.

La dislocation de l'empire austro-hongrois et la révolution allemande permettent la proclamation de l'Etat polonais par le Conseil de régence (8 octobre 1918) et le retour à Varsovie de Pilsudski (10 novembre), qui, nommé commandant en chef par la régence, négocie le rapatriement des troupes allemandes, puis est chargé par les socialistes de Lublin (11 novembre) et par les régents de constituer le gouvernement. Mais le comité de Paris, national-démocrate, et le gouvernement de Varsovie, socialiste, s'accordent pour former un cabinet d'union présidé par Paderewski (16 janvier 1919). Dmowski est nommé délégué à la conférence de la paix. Les élections de 1919, au suffrage universel, ont lieu dans le royaume du Congrès et la Galicie occidentale, et la diète constituante qui en est issue comprend un tiers de nationaux-démocrates contre un dixième de socialistes ; les populistes, au centre, se divisent en deux tendances, soutenant chacune l'un des deux groupes précédents.

(Je n'invente rien, continuons.)

... Quant à la Pologne, qui a perdu ainsi plus de quatre cent mille Polonais, elle ne reçoit que la région de Katowice avec deux cent trente mille Allemands. A l'est, les Ukrainiens sont chassés de Lwow (novembre 1918) ; Pilsudski repousse l'Armée rouge vers le nord et entre à Wilno (avril 1919), et Haller atteint la frontière roumaine. Mais le conseil suprême, etc., etc., ce qui provoque la démission de Paderewski, déjà menacé par des difficultés intérieures. Menacé par les Russes, blancs et rouges, Petlioura, président de la République ukrainienne, restitue à la Pologne la Galicie orientale (qui avait récemment fusionné avec l'Ukraine) et cède la moitié de la Volhynie ; il obtient l'alliance de Pilsudski, devenu maréchal (22 avril 1920) et qui, avec lui, entre dans Kiev (7 mai) (v. *Polono-Soviétique* (guerre)).

Voilà, de telles insanités, je jure que je n'invente rien, Larousse tome 8, Orm-Rals, p. 628, colonne 2. Nulle part, dans ce galimatias, il n'est question de Plotzk, ni de Shapira, ni même de mon grand-père dont je jure sur mon honneur qu'il a pourtant existé. C'est une honte pour l'Occident, je n'hésite pas à le dire, une honte, traiter des millions de morts comme ça, à la Foch. Et dire qu'ils appellent ça écrire l'Histoire, les crevures. Elle est bien à leur image, la vérité des nations.

Relisant ces énormités, je me demande de plus en plus si Grunitzki n'émargeait pas chez Pilsudski. Pilsudski et Staline étaient frères de lait. Tous deux ont fini maréchaux. Tous deux portaient la moustache, comme mon grand-père, j'en conviens, mais, ce qui n'est pas son cas, ont laissé leur nom dans l'Histoire. J'en déduis que Witold lui-même était au service de Larousse. C'est le Grand Maître du Larousse qui a tramé ce noir complot où Nathan et Sapir et Haïm ont péri, trois noms imaginaires sur une liste, oh longue, si longue, six millions ou deux cents dont mes bisaïeux sur le Steir, quelle différence entre eux et eux si je n'ai jamais su leur nom. Cela, oui, c'est cela que le vieux Morgensztern voulait dire, ce soir fictif de 58 où il se confia à Marcuse. Cela, seul Reb Sapir l'avait compris, seul Reb Sapir a su le dire à temps au tribunal, je le répète. Maintenant seulement je commence à l'imaginer : les mains sur l'accoudoir, la voix qui ne crie pas, accuse. Perdu pour perdu, pensent les goyim de l'auditoire, il va nous gueuler contre, sales polaks, salauds. C'est à ce moment-là que Yaakov s'en est pris à Dieu, la chose est à peine concevable, je l'atteste. Tu mens, tu te défiles, accuse la voix, tu es le Maître. L'homme n'est pas responsable du cours du monde, tu le sais. Regarde, mauvais père, dans quelle poussière gémit ton peuple. Personne n'est ici-bas responsable de tout, ni ton peuple ni même les nations qui l'accusent. Satan, oui, tu le sais, même Satan n'est pas coupable. Ce n'est pas Yaakov, fils de Sara, de Plotzk, qui est jugé ici, c'est Toi et toi seul l'accusé : toi et ton impuissance, toi et tes manigances, toi et ton oubli des hommes quand eux ne t'oubliaient pas tous, écoute encore ma voix qui retentit pour te convaincre.

L'enthousiasme furieux des humiliés retomba vite.

L'accès de fièvre, dont les terribles scènes du château avaient marqué le paroxysme, céda la place à une espèce de prostration. Plusieurs malheureux moururent des suites de blessures reçues, par accident ou par méprise, lors de l'assaut du domaine du seigneur. Le lendemain, ceux-là même qui, la veille, s'étaient saoulés à voir couler leur propre sang, cheminaient hébétés, le dos voûté, dans les décombres. Le silence qui succède au ronflement des incendies s'abattit sur la ville aux murs noirâtres et mouillés ; la foule anonyme des rues, le corps vidé comme après une débauche, se délita sans bruit au fil des jours, et peu à peu la vie qui ressemble à la mort reprit sous un soleil qu'on aurait dit d'Ancien Régime. De nouveau, comme autrefois, au fond de pièces sans lumière, le cœur du peuple polonais vibrait pour la Vierge et les Saints ; comme autrefois, naguère plutôt, à peine hier, les juifs de Plotzk se remirent à élucubrer cent et un moyens de survivre.

Comme tout ceci paraît un rêve. J'imagine, non, qu'est-ce qui change, qu'est-ce qui a pu changer entre eux et nous, toujours cette dérive du temps hors des repères. Cette dérive affreuse allais-je dire, mais pourquoi nécessairement, pourquoi devrais-je me ranger du côté de l'ordre et des fins ? Névrose juive de la pensée, névrose de la pensée tout court, tension insoutenable, non, soutenable pour finir, pour ne pas finir plutôt, entre le cours du monde et quoi. Curieux cela : Mendel, ce jour déjà ancien, juin ou juillet, à cause des coquelicots tu te souviens, Mendel-Rivka ; et cette vieille pensée juive, pensée-contre-la-pensée, comme toutes, comme toutes celles je veux dire qui nous font frémir, inachevée. Le monde d'après le Messie est déjà là, c'est celui-ci. Je me souviens maintenant, Rivka se tait, c'est drôle, toutes les femmes se taisent dans mon récit. Mendel, les blés. Il y avait chez Mendel un formidable goût du bonheur, la sensualité de Nathan mais contrariée, grippée où ça, pas dans ce que la Bible appelle l'arc-en-ciel mais un peu plus haut et derrière, du côté du plexus si étrangement nommé solaire, quelle kabbale. Il serait si bon d'être nature, c'est ça sans doute qu'il voulait dire, il serait si bon de ne plus être Juif. Si seulement la nature existait, si seulement, car elle existe, l'invisible faille sans fond n'y était pas, taie invisible, crispation, grincement inaudible d'un rouage qui se grippe.

(— et soudain, je me force à reprendre, soudain pour moi aussi quelque chose s'est grippé dans le cours de mon récit. Comme pour m'interdire, par esprit de justesse, de tomber dans l'ineptie du « roman », dans la cochonnerie de la culture muséale où ma parole qui déjà s'y est inscrite n'a *en vérité* que faire, déchirée-déchirante ou rien :)

Ainsi Mendel, dans le même moment où il se sentait vivre heureux, sentait

Comme par exemple lorsque plus jeune il passait ses journées, au lieu de jouer avec les gamins du ghetto, à lire oreilles bouchées des livres trop difficiles pour lui, dans un coin de la pièce grand-mère qui repasse et lui, les larmes aux yeux, se dit c'est pour grand-mère, le pauvre Léviné se dit c'est pour grand-mère aussi que je serai savant, oui moi, le grand savant juif Léviné, prix Nobel, je n'ai pas oublié —

Quelle pitié.

Les malheureux de Plotzk ne voulaient pas se libérer. Si les peuples, à Plotzk ou ailleurs, voulaient vraiment se libérer, ça se saurait, depuis le temps. Mais s'ils le voulaient, justement, c'est que déjà ils seraient libres. Ils ne peuvent pas vouloir, c'est ça la servitude. Ainsi, plus Léviné, après l'angoisse des débuts, décida d'aller de l'avant ; plus la Commune de Plotzk, passés les premiers jours de fête, s'engagea sur la voie de la Révolution, et moins les mesures prises, quelque spectaculaires qu'elles fussent, mais sérieuses — moins ces mesures, à cause précisément de leur sérieux, obtinrent l'adhésion des masses populaires. Cela, Mendel l'a reconnu plus tard, une fois réfugié en Russie (avant 38, évidemment, puisqu'en 38 Mendel a disparu). Le prolétariat polonais n'était pas assez nombreux surtout. Révolution prématurée. Les gens subissent sans comprendre. Ceux du comité provisoire ne s'entendaient pas sur les fins, Grunitzki douteux et Léviné trop utopiste. Seul Anatol Lipkov (Ascher Lifschitz), peut-être ; mais le kantor, par calcul, préférait soutenir Mendel contre l'opportunisme aventureux de Nathan Schoeps. Curieux cela disais-je, par conséquent, car j'y arrive : le chemin de Mendel, celui de Reb Sapir. Mendel blessé au fond de son bonheur ; Sapir, couché dans sa folie. Mendel devient l'homme de la loi, Reb Sapir en accusateur. C'est exactement l'inverse, si je comprends bien leur histoire. Ils ont suivi le même chemin en sens inverse, au même moment. D'une part leurs destins s'opposent, il y a là un terrible conflit ; s'opposent comme deux ères, comme deux façons d'être homme se succèdent. Vieux tzaddik, jeune révolutionnaire, un Juif des temps passés et un pour aujourd'hui. Ce qui compte, cependant, n'est pas le but, mais le chemin, et ce chemin est bien le même, *va devant moi :*

Hithalekh lephanay.

Ne sachant guère d'hébreu je crois Neher sur parole, donc (déduction élémentaire) sors de toi, quitte qui tu fus. Selon *ta* position, dis oui ou dis non à la loi : oui si tu pars de rien, non si tu pars de trop. Ainsi commence à s'expliquer, pour moi le premier, c'est ainsi, tout ce qui réunit et sépare ces deux figures. Pauvre Mendel, pauvre Sapir, tous deux ont raté leur sortie humainement parlant (question théologie, à d'autres). Ce terrible échec temporel, c'est la tragédie juive du temps présent. Cependant, la fin de mes deux personnages ne peut être exactement la même. Il est dans la logique des choses que Sapir meure fusillé et que Mendel survive, fonde une famille. Sapir sort d'une loi pourrie, oui, putréfiée, dans un espace vide et pur. Je viens à l'instant de comprendre pourquoi depuis le début de l'histoire j'imaginais qu'il doive mourir sur fond de neige, vêtu de noir. (Je jure que rien n'était prévu, si tu ne me crois pas tout tombe, ce n'était pas la peine pour moi de commencer, comme Mendel, à l'aveuglette, ce faux récit, souffle ou buée, dont j'espère sans y compter qu'il va nous apporter peut-être, à moi, à tous les miens et à personne, à toi qui sait, un semblant de lumière dans la nuit qui nous a défaits.) Mendel, lui, au contraire et de la même façon, vient de tourner le dos à l'ancien monde, ce vide puant. Mais la loi pure et neuve vers laquelle il s'avance, même si je pense qu'il est probable que Mendel meure avant ses jours, mettons en 37 ou 38, cette loi non encore écrite, c'est au-devant d'elle qu'avec lui nous marchons par-delà l'épreuve dont 19 est le signe. Oui, c'est cela, je viens de comprendre : à Reb Sapir succède Mendel. Mais attention aux dynasties, les prophètes ne sont pas des rois. Décevants, les dialogues de Sapir et de Mendel, le peu de mots échangés entre l'un et l'autre. Ambigus nécessairement, leur vrai sens échappe à chacun, il hante le lieu propre de la parole commune, la traverse. De Sapir à Mendel, il n'y a pas de tradition écrite, la loi écrite ancienne et la nouvelle sont les termes du chemin mais non le chemin lui-même. C'est seulement à mi-chemin que la rencontre peut avoir lieu, un instant impalpable, le temps d'un pur éclair : oui, un éclair de *lumière noire,* couleur du feu de la parole, la loi écrite est blanche selon la même tradition mais le parlé depuis toujours prime l'écrit, je viens de comprendre ; noire, j'imagine, était cette lumière, la lumière invisible dont Shapira, le vieux tzaddik, fut accusé selon mes sources, selon l'Histoire comme vous dites, la « véritable », d'avoir usé, fanal espion ou signe de connivence, cette nuit indéfinie, quatre lignes dans un gros livre, où l'Armée rouge fit mouvement vers Plotzk.

J'allais me reprocher d'avoir noyé Babou lorsqu'il m'est apparu qu'il ne pouvait mourir comme ça, pauvre chaton. Lent, le déclin de l'Occident, adagio maestoso : la clownerie n'est pas finie, à croire qu'elle nous enterrera tous. Voilà donc qu'un requin de passage, que dis-je, une femelle esturgeon, happe à tout hasard le comte, le déglutit. Dans les eaux du port de Dantzig, l'actinoptérygien ganoïde, qui souffre de dyspepsie à cause des épaulettes, fait imprudemment surface pour reprendre souffle. Un garde-côte tire sur le sous-marin, la bête s'échoue. Quelques pêcheurs kachoubes aussitôt se précipitent, et, reniflant l'aubaine, éventrent le chondrostéen : avec surprise, ils constatent, au milieu du caviar, la présence d'un officier étranger en uniforme. Quittant l'acipenséridé pour une salle d'interrogatoire, l'agent secret présumé de haut grade parvient à se faire reconnaître. Aussitôt il accuse un certain Juif de Plotzk, aheu, aheu, d'avoir tenté de suborner sa femme et provoqué la destruction de la frégate *Le Terrifique.* A écouter narrer la geste de l'obscur subrécargue hébreu, la polane superstition tout de go subodore Satan, ses œuvres et ses pompes. Plusieurs Juifs, dans les zones contrôlées par Varsovie, sont mis à mort ; des prêtres en quête de pieds fourchus font déshabiller leurs cadavres. En attendant des ordres de Weygand, voire des nouvelles de la comtesse, Babou de la Bourdaisière s'en va pour sa part ordonner qu'on lui taille une culotte dans la peau de l'esturgeonne.

Pendant ce temps, Haïm Lanski : vite regagner Plotzk, mais danger. La populace, vers le nord, est très montée contre les yids. A force, ça va se savoir, un nain qui tue Labournedzar, tout le monde est bien au courant de l'affaire David et Goliath. Octobre en plus (peut-être), plus de charrette à foin, et la pluie de l'automne qui s'est mise à tomber, sinistre. Haïm, alors, soudain, quelle idée fameuse fut la tienne, idée à la Witold vraiment : sur les routes désolées de la grande plaine humide, l'on voit en effet bientôt (je me demande bien qui, personne n'a le courage de sortir) une dame au grand parapluie blanc qui marche seule, soir et matin. Enfin elle a fait signe au cocher de cette carriole, et précautionneusement elle s'assied au milieu des pastèques : « A Plotzk ! » — Etrange, se dit l'homme, n'insistons pas, les temps sont troubles : sans doute une ventriloque qui cherche à rejoindre son cirque. Pluie, pluie, plaine trempée, fleuve hors du lit, désolation. Il y eut un soir, il y eut un matin : le second jour, le but était atteint, un gros zloty jaillit je n'ose dire d'où, ça quelle artiste, et Haïm tout guilleret qui saute du marchepied, croché comme un parachutiste à la crinoline de Zoé.

Indescriptible, la fête qui suivit. Même

Mendel oublia un instant les raisons qu'il avait d'être inquiet ; très vite il apparut que Nathan Schoeps, joli garçon, avait jeté son dévolu sur la belle prisonnière à laquelle il ne cessait d'apporter, dans le cachot de l'apothicairerie, des parts de mohnstrudel et des gâteaux au tournesol.

C'est au retour de Haïm que la situation empira. Seuls Nathan et Witold semblaient ignorer le souci ; le carambouilleur, dès ce jour, devint l'ennemi de Mendel Léviné.

— Camarade Kosowski, disait le petit pharmacien, c'est assez. Nous n'avons pas besoin de pitres au comité.

— Pitre toi-même. Que ferais-tu sans moi, Mendel !

— Tu gênes notre action, Witold. Tu fais des tours et des détours. Les ordres ne passent plus à cause de toi. Tu nous donnes en spectacle, voilà, nous sommes des clowns, tu joues ton jeu et n'obéis jamais aux ordres.

Witold mange une tartine. Sa pomme d'Adam monte et descend. Exaspérant, pense Mendel, ce type malsain avec ses tics. Fascinant, contagieux, moitié homme moitié automate.

— Camarade Léviné, répète-t-il d'une voix douceâtre. Mendel, ma petite colombe, que ferais-tu sans moi. Je connais mieux les hommes que toi, j'en ai roulé de plus malins. Tes ordres ne passent pas, les gens n'y comprennent rien. Moi, je mets de l'huile dans les rouages, et voilà tout.

(J'arrête là le dialogue. Un élément nouveau, soudain : moi aussi j'ai menti, non, je me suis trompé, l'oncle Maurice ne s'appelait pas Mendel. C'est ma grand-mère qui me l'a confirmé à midi : Maurice, c'est Moïse, presque une homonymie, quelle évidence. Et si cette erreur, me suis-je dit, si ce détour inutile m'avait servi à découvrir le vrai nom de Mendel, son nom second, oui, ce nom d'homme qu'on prend seulement le jour de la confirmation ?... Mais alors, qu'en déduire touchant le tortueux Witold ?)

Vers la fin novembre, la pénurie gagna la ville.

Plotzk n'était plus ravitaillée. Il fallait vivre en autarcie ; la ville juive et la campagne jouèrent ensemble la fable d'Agrippa. Peut-être que déjà les Blancs et Pilsudki avaient en secret décidé de réduire la poche polonaise. Ici encore le rôle de Grunitzki demeure obscur. De toute manière, chacun sait que dans les heures difficiles, cochons, couvées et paysans passent dans la clandestinité. Le 24 au matin, le comité dut se résoudre à voter l'ordre de réquisition. Les fermiers barrèrent les chemins : grâce à l'entremise de Witold, une espèce de compromis fut trouvé aux termes duquel les autorités de la ville renonçaient à vérifier l'état des biens ruraux en échange d'une promesse d'approvisionnement régulier.

Le quartier juif, en quelques semaines, redevint une sorte de ghetto. Les gens restaient chez eux. Le soir, comme naguère, on commença à se barricader. Aucun des responsables ne respectait plus la trêve du Sabbat : une fièvre étrange, presque froide, s'était emparée de Mendel qui ne quittait pratiquement plus le siège du comité, dormait à peine quelques heures assis au milieu des bocaux, sans ôter ses lunettes ni sa blouse grise, un mégot éteint à la bouche, la tête posée sur des registres.

Nathan, lui, rayonnait. Nathan et Zoé, quel chapitre ; et le pauvre Haïm, qui n'osait être jaloux, devint en quelque sorte le valet du couple princier.

Qui était-elle, cette femme ? Allez savoir, belle je ne sais : je ne vois d'elle que sa parure, pas de visage, oui, comme Haïm, rien que cet amas de dentelle, la Madone, une poupée russe. En d'autres temps, sans doute, Nathan l'eût épousée, je l'imagine en Jean de Leyde, à Munster, en quinze cent trente quatre. Toute révolution, disait le Prof. M. Morgensztern, toute prise de pouvoir dans une enceinte close enclenche un mécanisme à peu près invariable. L'angoisse obsidionale, qui succède nécessairement à l'euphorie des premiers jours, à partir du moment où les acteurs du drame perçoivent qu'ils évoluent sur une scène circonscrite et que derrière ces murailles l'espace et le temps glacés, indifférents plutôt qu'hostiles, assiègent un réduit à long terme intenable ; l'angoisse, disait-il, au fond du puits sans fond de ce *hic et nunc* sans issue, ne peut plus être surmontée que par l'exercice d'une magie. Xante, Munster, Vesely, la Russie stalinienne, ont fait l'expérience d'un tel revirement. Le peuple juif, révolutionnaire et unique par essence, doit à chaque génération lutter contre une tentation semblable. De Shabtaï et Frank à Jacob Genns roi de Vilna, les faux Messies le guettent ; je me demande même si Herzl —

— oui, Herzl, Jabotinski, pourquoi pas Marx réplique D. Teitelboim, le typographe depuis 22 est journaliste en Palestine — ; pourquoi pas Marx, Trotsky et Freud alors ; et pourquoi pas Moïse aussi, Rabbi Elie Zalman a bien lancé l'anathème contre le Baal-Shem-Tov. Que faire ? Qu'est-ce qui distingue le vrai du faux ? Comment savoir ? Qui nous expliquera comment agir, alors que sous nos yeux des peuples entiers crèvent de faim, aussi seuls que le prophète est seul devant les siens ?

Sapir.
Mendel.
Nathan.
Haïm, et tous les autres.

Tous peuvent être coupables. Si j'étais juge, j'hésiterais.

Reb Sapir par exemple : usage de magie noire. Est tombé par la fenêtre comme le Voyant de Lublin. Circonstance atténuante : a agi en état d'aliénation mentale. Déjà condamné à mort, exécuté en 1919.

Léviné, Mendel. Abus de pouvoir. A fait fusiller six suspects sans preuve formelle de culpabilité. Contumax en 19, réfugié en Russie, disparu entre 1937 et 1941.

Nathan Schoeps, blasphème et fornication. S'est suicidé en 1919. Teitelboim, Lifschitz, Morgensztern, en fuite, délits divers.

M. P., de nationalité française. Faux et usage de faux, chèques sans provision, abus de pouvoir. Prévenu d'escroquerie, complice de Kosowski-Cashew. Trafic de grands-pères, drogue, laboratoires clandestins.

Haïm Lanski, prolétaire et crétin. Dieu dit Yahweh, né de père inconnu : assassinat, blasphème, fornication, parjure, bestialité et vol à la roulotte. Les médecins experts se contredisent : lucide ou pas ? Peine de mort requise par coutumace ; procès ajourné sine die, aucune preuve formelle n'ayant été apportée qui permette de conclure à l'existence de l'accusé.

Mais elle,
Zoé,
non, vraiment, elle

n'était suspecte que du péché de gourmandise. Apfelstrudel. J'en suis à me demander si je n'aurais pas dû plutôt écrire un livre de cuisine. Ne pas ennuyer les lectrices avec toute cette kabbale. Elles avaient bien de la chance, nos aïeules, d'être exclues de l'Etude, du pilpoul talmudique. Je l'imagine, dans son coin, la petite mère Tchekhapolski, qui rigole doucement et n'en pense pas moins. Elle seule a le droit d'allumer les chandelles : sans ce geste muet, on les verrait, nos seigneurs-maîtres, patauger dans la nuit du Radicalement Fumeux. De quoi disculper Nathan, c'était peut-être le seul normal, mais alors pourquoi ce nihilisme, ce suicide ? Un paradis de philosophes, non je regrette, des femmes plutôt, des houris bourrées de loukoums, des coussins de houris, quelle extase. Lilja, Lilja, hélas, Reb Sapir n'a pas résisté. La ripaille et les houris, c'est la descente dans la baleine. De la mesure en tout, mais sans excès, la vraie mesure : comment être en même temps un homme, un Juif, un fou, et quelqu'un qui conserve la santé dans l'invivable ? Ce n'est qu'à moitié mon problème, je ne m'intéresse qu'à moitié aux problèmes. Mais eux, Mendel, Sapir, eux dans la question jusqu'au cou, comment auraient-ils pu trouver le bonheur quotidien, voilà ce que je me demande, c'est moi qui le demande maintenant pour eux puisqu'ils sont morts, si ce n'est toi c'est donc ton frère, morts comme tous les miens de la grande époque, l'ère infâme et glorieuse du *galuth*. Voilà, je les revois, le rabbin, la rabbine, lui avec ses fantasmes et elle sa pile d'assiettes, ou bien absente peut-être, au début de l'histoire, plus tard. Je le revois, Mendel, Rivka, c'est elle, la gamine, qui cueille les bleuets et lui près d'elle, mais à côté, plus près d'elle que jamais ce jour, verre transparent, rien qu'une vitre transparente entre eux deux, va-t-il l'oublier ? Mendel qui cite Maïmonide ; Mendel sur fond de blés, au loin un hangar bleu, Van Gogh ; Mendel dormant sur ses registres, au milieu des bocaux rouge sang. Comment t'appelles-tu, oui moi, Abraham ou Faust, je l'ignore. Voilà l'histoire, je ne sais pas, si vous voulez mon opinion. Je peux conter des faits, le sens je le dépiste, je vais suivre les traces aussi loin que possible, sur la neige on les voit bien même si la bête n'est plus là.

Nuit et neige. Avant le bosquet de sapins, le chemin longe un champ d'éteules, cuivre blanc et brumes basses. Plus haut, sur la droite, les halliers, moisissures bleues ; la pente s'incurve vers le col, là se croisent les trois chemins. Au centre de cette araignée, au cœur magique de cette étoile, un vieil orme se dresse, se tapit plutôt, pas un grand, à peine plus haut tout éventré que sa couronne de surgeons.

Reb Sapir ne sait pas pourquoi il est ici. Il ne se souvient pas d'avoir quitté la ville. Il a dû monter vite, à grandes enjambées, comme quelqu'un qui se dépêche d'aller à un rendez-vous.

La lune s'est cachée. Tout est obscur. Sapir attend. Soudain un craquement, une flamme jaillit, une ombre sort des branches de l'orme: on dirait une haute boîte avec deux jambes, un homme-sandwich peut-être, un vitrier.

La flamme n'est plus qu'un point rouge. Sans hésiter, me semble-t-il, le tzaddik se dirige vers lui. A quelques pas, la forme s'immobilise. « Yaakov », dit une voix cassée, « Yaakov, c'est bien toi, je t'ai reconnu, réponds-moi ».

— Oui, c'est moi, c'est bien moi, Yaakov Sapir, de Plotzk.

« Yaakov, approche. »

Ils sont tout près. L'homme qui parle à Reb Sapir, une cigarette tordue au coin des lèvres, a dû beaucoup marcher, il vient de loin. Ses traits sont fatigués, sa barbe est négligée, ses habits sont en loques comme ceux des vagabonds. A voir son attirail, ce doit être un vieux colporteur ; à genoux dans les chaumes piquants, le tzaddik baise le bord mité de sa houppelande.

— Ne m'appelle pas Maître, dit l'inconnu, ne te moque pas. Tu m'as bien reconnu, regarde un peu quelle misère. Les temps sont durs, personne ne veut plus rien m'acheter. Mes enfants m'ont abandonné, j'erre la nuit tout seul, le jour j'ai peur. Yaakov, s'il te plaît, aide-moi juste un instant : relève-toi, veux-tu, nous ferons un bout de chemin, tu n'auras qu'à porter un peu ma boîte sur ton dos.

Sapir et le bizouard avancent à tâtons dans un champ caillouteux couvert de taupinières. Plus de haie tout à coup : la vallée apparaît. Le tzaddik, d'un geste de l'épaule, dépose sa charge par terre.

— Yaakov, regarde les lumières, dit le pauvre vieux. Où sommes-nous ?

— Nous sommes à Plotzk, Maître Israël, ce sont les lumières de la ville.

— Yaakov, tu te moques de moi. Je n'y vois presque plus, je sais, mais ce ne sont pas des maisons, regarde : ce sont des vers luisants, ils vont s'éteindre, laisse-moi seulement leur faire peur avec mon bâton.

Le vieux s'agite comme un pantin, il s'est mis à courir après, mais il bute contre une taupinière et s'étale de tout son long.

Sapir a crié. Il s'approche ; l'autre, par terre, se tord de rire. En essayant de le relever, à son tour il s'emmêle les pieds, et tous deux tombent sur le derrière. Maintenant, c'est Sapir qui rit comme un enfant. En un éclair, il a compris la leçon du vieux Maître : le monde est empli d'étincelles perdues, qui ne veut pas les voir ou qui veut les éteindre se retrouve un beau jour, tôt ou tard, sur le cul. Ici où ils cheminent, à présent, c'est la nuit ; un bois de résineux cache la vallée. Impossible d'avancer, on ne voit plus de sentier. Le colporteur fouille dans sa boîte, Sapir l'entend gratter, qu'est-ce qui craque, soudain : du feu.

— Quel bordel cette boîte, dit Yaakov.

— Le monde est pire.

— Vous avez là un vrai trésor, Maître Israël.

— Sel sans gabelle. Boutons, lacets. Petits livres interdits. Est-ce que tu sais le russe ou seulement l'hébreu, Yaakov ?

— Donnez toujours, j'achète, j'achète.

— Mendel te fera la lecture.

— Il fait très noir maintenant. Où allez-vous passer la nuit ?

— Je passe, Yaakov, je passe. Je ne fais que passer. J'ai beaucoup d'autres gens à voir, ma hotte est lourde, tu me retardes.

— J'ai peur de me perdre aujourd'hui, Maître Israël.

— Tiens, ces alloufs.

— Sacré vieux contrebandier, dit Reb Sapir. Toujours le même.

— Les gens ont besoin de feu, qui leur en donne ? Allez, sers-toi. Grâce à nous deux, Rabbi Yaakov, Plotzk verra clair les nuits qui viennent. Maintenant, j'en ai trop dit, il faut que je passe mon chemin : au revoir et merci encore, salue le Comité de ma part.

Et sur ces mots, l'ombre disparut derrière les collines grises.

Seize décembre : situation grave.

Larousse n'en parle pas : qu'importe, il ne dit rien non plus du Baal-Shem-Tov, ni de Sapir.

Les Blancs de Denikine font des pogromes monstres.

A Plotzk, les Grunitzki s'insurgent contre Mendel. Le métayer-baron soutient ouvertement l'idée de réconciliation nationale, Pilsudski.

Le colporteur Méir, espion sur le front est, rapporte que les Rouges menacent Varsovie. L'homme de confiance de Witold affirme qu'il a rencontré, dans la nuit du 15, Jacob Sapir : même les hassidim arriérés sont prêts à se battre jusqu'au dernier contre l'armée de la Réaction.

A l'intérieur du Comité, Nathan agit en franc-tireur. Il s'affiche en compagnie d'une prisonnière française, s'habille chic et mange gras, n'obéit plus aux directives. Il se défend de suivre Grunitzki, mais reste le seul à le voir ; les renseignements qu'il communique, moins par calcul que par orgueil et maladresse, font la joie du carambouilleur qui les cache à Mendel et s'en sert contre lui pour accroître son emprise sur le Conseil de Plotzk.

Le dix-neuf, un groupe de paysans furieux massacre, dans la région de Bielsk, un émissaire du Comité qui parlait de réquisition.

Dans la nuit du 19 au 20, une charrette de raves en provenance de Lublin passe en grinçant dans les ruelles du ghetto. Sous les légumes se cache Haïm Lanski. C'est la dernière fois qu'il accepte ce genre de mission : il est couvert de bleus à cause des cahots, heureusement que les fusils ne sont pas encore chargés.

20 décembre, création d'un groupe d'autodéfense placé sous l'autorité de Mendel Léviné. La garde dispose d'une cinquantaine d'armes et de plusieurs caisses de munitions. A l'unanimité, le Comité décrète la peine de mort contre les accapareurs. Le 21, une explosion détruit la pharmacie d'Isaac Kohen : seul David Teitelboim est légèrement blessé. Le soir du même jour, à Bielsk, des inconnus enlèvent six des fermiers responsables du meurtre de l'avant-veille. Le 22 au matin, deux des six hommes sont fusillés sur la place du Marché ; ville déserte, neige, froid pinçant, les Juifs de Plotzk se claquemurent.

Que pouvait faire Rivka, toute cette semaine terrible et celles qui suivirent ? Je ne sais pas, je ne sais pas, moi qui ne quitte Mendel que pour rêver du vieux tzaddik. Sur fond de neige, les pans de son long habit noir claquent au vent ; les deux mains posées sur son chapeau de fourrure, Reb Sapir, la tête cachée, lutte en marchant contre le nord qui cherche à le déshabiller.

— Vous avez besoin de moi, dit le tzaddik.

— Rabbi, vos hassidim. Sont-il prêts à combattre ?

— Je réponds d'eux, Mendel. Où habitez-vous, maintenant ?

— Notre baraque a grillé. Dans du provisoire, n'importe où.

— Je suis venu chez vous, venez chez moi. Temra ne dira rien, je pense qu'elle sera d'accord. Ma porte désormais vous est ouverte. Je ne vous dérangerai pas. Il y a deux étages, je resterai en haut à travailler.

Mendel est content de Reb Sapir et de Méir. Etrange, son état depuis l'exécution. Une impression toute nouvelle de légèreté, de liberté. En même temps il se sent plus adulte, plus fort. Ce qui l'étonne, c'est d'avoir si peu hésité : il ne se reconnaît plus, lui qu'un rien naguère déchirait.

— Salut, Eternel II, claironne Nathan. Comment va le jour ?

(Il exagère, pense Mendel. C'est de la provocation : Zoé en robe blanche assise sur ses genoux, et lui, le docteur Schoeps, qui lui donne la becquée.)

— Secoue tes miettes, Nathan. Regarde-toi dans la glace, tu grossis à vue d'œil. Tu ressembles à un porc.

— Avoue que j'ai raison, Créateur bis. L'absence d'esprit.

— Nathan, réplique Mendel, nettoie au moins ta cavalière.

— Hoho, Rabbi Mendel répond à côté. Comme à Job. N'est-ce pas qu'une grande décision se prend toujours à l'aveuglette ? Rassure-toi, Dieu Sabaoth, les Polonais n'ont rien compris. Tu peux dormir en paix, Mendel : tes victimes sont aussi innocentes que toi.

— Je sais ce que j'ai fait, Nathan. Je suis lucide. J'assume toute la responsabilité. Les ordres sont les ordres, pour vous comme pour moi. Ceux que je donne découlent de ceux auxquels j'obéis, voilà tout. Au point où nous en sommes, le crime serait de s'arrêter en route.

— Tu n'avances pas, Mendel. J'ignore sur quel chemin tu crois aller. Tu rêves. Nous dérivons tous, c'est l'Histoire. Le Grand Rabbi de Prague est aussi fou que son Golem, aussi aveugle. Le feu n'a pas pris, ça retombe, ça suit son cours et tu t'énerves. Laisse-moi te le dire, Mendel : le jour où tu tremblais de peur, c'est moi qui ai sonné les cloches. Maintenant, j'ai le droit de m'asseoir, la vie est courte.

« Apikoyress », lâche Mendel.

Zoé lui tend un morceau de strudel. On dirait un chausson, vraiment : une pantoufle, une babouche d'or farcie de pommes, de noix, de raisins noirs. Mendel, sans y toucher, mord dans le gâteau qui sent fameusement le rhum et la cannelle.

— C'est l'heure, maintenant, dit-il. Sacré travail. Il renfile sa blouse et sort sans se retourner.

Bien sûr, je sais, je sais, Nathan avait raison, raison n'est pas le mot bien sûr, un carabin. Nathan voyait les choses *objectivement,* pas comme vous dites, plutôt en cynique qu'en marxiste, à mon avis. Je les vois, moi aussi, tous les yidlach de Plotzk, ceux qui se taisent et ceux qui bougent, s'agitent comme des pantins sous un ciel vide que ponctue, trou percé à l'emporte-pièce, le zloty blafard d'un soleil de derrière les brumes. Cogito, disait Cartésius, le crâne aussi vide que le reste, assis sur son île flottante, un radeau de fumier si vous voulez mon opinion. Qu'est-ce qu'un médecin, triste Nathan : c'est un croquemort qui voit de loin. Claquer, en voilà une fin objective, une fin. C'est comme quand on écrit : on finit bien par s'arrêter, toi Isaïe et toi Hugo, achevé d'imprimer le tant, tel est le dernier mot du livre. Finis coronat opus — fini, la couronne aux puces, et c'est Larousse qui dit le kaddish, saloperie.

Quelle pitié.

Pauvre Nathan, pauvre monde, à chacun sa parèdre. A l'Eternel la Chekhina, c'est la Kabbale qui raconte. Au rabbin sa rabbine, au carabin sa carabine. L'homme est vieux, vieux, tout rabiné, sa fin sera carabinée. L'Amiral Comte Aymar et Madame de la Bourdaisière, annonce l'huissier, inévitable ; nous sommes à Varsovie en 1925, ou bien simplement morts, comme mes bisaïeux de Loutsk ; et cette histoire qui s'en va à vau-l'eau, qui s'en va en morceaux est désormais conclue. Zoé a clos son zip, Petit va fermer son bec. Ce n'est plus qu'une question de temps maintenant, je n'ai pas peur. J'ai toute ma vie devant moi, comme Mendel, quinze jours pour finir cette invention, six pages par jour. J'ai déjà terriblement mordu sur mon temps, je le sais : voilà pourtant, je sais aussi, je n'ai rien dit, depuis le début je me hâte. Rien n'est dit encore, pas plus de lumière qu'il y a un mois environ, lorsque j'ignorais encore le prénom et même l'existence de Temra Sapir, de Rivka. Dans quinze jours il sera trop tard, mon histoire sera achevée, mais au prix de quelle perdition, de quelle déperdition de vérités possibles ; tant d'étincelles que par manque d'attention je n'aurai pas relevées, sauvées de l'oubli qui gagnait ; tant de paroles que j'étais seul à pouvoir dire, moi comme vous tous le dernier de sa race avec cet héritage de nuit tombée sur tout, sur toutes ces vies qui furent vécues et se perdirent corps et biens, paroles de grands-pères et sourires d'aïeules, beignets de matzemehl et chandelles d'or, au fond de cet instant présent qui n'est qu'absence, bulle de mémoire gonflée d'oubli, table déserte.

Cependant Aymar IV, dans son nouvel habit, attendait à Dantzig les ordres de Weygand. C'est ici le lieu d'évoquer discrètement certain épisode dont il fut question plus tard, au procès de Sapir, encore que les minutes n'y fassent point allusion.

Tandis, en effet, que l'aide de camp De G... exerçait son talent contre les Rouges en Volhynie (je me demande soudain si ce sociétaire du Larousse, qui œuvra en 19 non loin de Wladimir, n'est pas pour quelque chose dans l'évaporation des miens), une fulgurante épidémie de vérole s'abattit sur le général Staff.

Une fois encore, la pensée populaire accusa les Juifs de mauvaises intentions. De fait, un homme comme Kosowski avait des amitiés dans le milieu des maquereaux de la Baltique. On peut raisonnablement penser que la sirène de la Vistule était une consœur de Lilja. Point n'est besoin d'aller jusqu'à taxer Babou de mauvaises mœurs ou pire encore : nous supposerons bénévolement que le comte Amiral, fier de sa culotte d'esturgeonne comme un cyrard de son plumet, la fit enfiler à l'essai par ses collègues du grand Etat-Major.

Cette version plus que gratuite d'un épisode imaginaire m'incite à songer à Witold.

O chimiste de l'urticaire !

Empoisonneur de caviar !

Démon minable pour faire plus vrai, selon les vues du *Dante* de Gombrowicz !

Génie du détour et de l'inessentiel, sombre trafiquant de faits et de pensées,

pourquoi faut-il qu'au moment de ressaisir, par les voies de la logique d'Aristote, le premier moteur des événements de Plotzk, ce soit ton corps malingre qui m'apparaisse, ton cou rosâtre, ta tête pustuleuse et penchée, cette bouche agitée de tics et qui nasille ?

C'est en effet ce charlatan, si je comprends ma propre histoire, qui par Zoé, Lilja, Haïm, Méir, poissons et Polonais interposés, tient dans sa main la destinée tragique des Juifs de Plotzk.

Voilà en bref, je me suis pris au jeu de la carambouille. Je me suis attaché, jour après jour, mot après mot, à toutes ces figures irréelles mais vivantes, Mendel et la petite Rivka, Haïm, Reb Sapir, M.P. avec tous ses grands-pères. Comme une femme d'Indonésie, je regarde un théâtre d'ombres, tandis que de l'autre côté Witold tient les fils et ricane, éclate depuis toujours du rire dévastateur de celui qui agit et parle sans exister.

— Nous sommes bien faits pour nous comprendre, Rabbi Yaakov, disait Witold.

— Golem, Golem, tout est Golem, disait Nathan, et Loew aussi.

— La Thora, vieux Rabbi, tu le sais bien, ce n'est que du vent.

— Maître Jacob, que sommes-nous ? corps de poussière, âme de buée.

Le vieux tzaddik est acculé. Il ne peut plus écrire, je sais. Il ne trouve plus de mots, il a touché le fond. Dans son mouroir sombre, à l'étage, il passe ses jours, passe ses nuits, quelle est la différence, à désapprendre : à se défaire de l'habitude si ancienne d'étudier, à réduire sa pensée à une sensation cérébrale vide, de plus en plus voisine de la platitude absolue.

Temra et Rivka ne se disent rien. Temra est presque aveugle, dirait-on, ou somnambule, sans donner signe de vie elle vaque à son ménage, essuie les assiettes blanches, dispose la nappe et les serviettes. Rivka ne parle pas non plus. Ses yeux sont noirs, tellement perçants qu'ils paraissent presque absents, oui, invisibles. Souvent, la femme du tzaddik s'arrête au milieu d'un geste, comme frappée de paralysie : Rivka lui tient la main, on dirait une institutrice, lorsqu'elle allume les chandelles pour le grand repas du Sabbat.

(Temra ressemble à grand-mère, songe Mendel. Si vieille soudain. C'est elle, sa grand-mère, il rêve ou se rappelle, c'est elle qui a appris autrefois à Rivka les gestes rituels, l'art de se taire quand il faut.)

Le rire de Witold.

« Reb Yaakov, vous êtes vaincu. Vous vous rendez à nous, merci. »

Imprévisible, la gifle de Mendel.

A ce moment, j'ai su que j'allais faire mourir Babou.

Juste l'histoire d'enquiquiner Witold, en profitant d'un instant de surprise.

Babou est mort de scarlatine, à Dantzig, le dix-sept janvier 1919.

Reb Sapir, avant la guerre, était le grand Maître de Plotzk. Il n'avait pas d'égal dans l'art de commenter les textes. Mendel Léviné fut son élève le plus doué. S'il s'émancipa vite du formalisme hassidique, ce fut au nom des mêmes principes qu'il avait appris à l'école du tzaddik.

Il est faux d'affirmer, comme nous l'avons fait, que Yaakov Sapir, une fois qu'il a offert l'hospitalité à ce qui restait du Comité révolutionnaire, s'est enfermé chez lui pour y attendre la mort, dans un état de prostration voisin de la démence.

Reb Sapir était un homme d'étude. Ses voies ont rencontré celles de Léviné : il y a donc bien eu, au sens précis du terme, « conspiration ». Cette conspiration fut l'âme, le nœud même de la cabale des Juifs de Plotzk.

— Tu parles dans le vide, dit ce jour-là Mendel à Kosowski. Note bien, tu as raison : je parle aussi dans le vide. Mais l'important est de savoir, non où l'on parle, mais d'où, vers où. Maintenant, je vais te dire : ta voix est immobile. Tu racontes n'importe quoi, tu mets le désordre partout. Autre chose une voix qui parle, qui marche vers la vérité. Autre chose une voix qui vient de très loin jusqu'à nous, comme celle de Reb Sapir, celle de Moïse si tu préfères.

Witold se tait.

Qui sait s'il ne vient pas d'atteindre son but ?

Je continue.

Nathan avait raison sur un point : Mendel, le 21, a pris à la légère la décision d'exécuter les deux otages polonais. Vrai aussi, peut-être qu'au moment où il créa le monde Dieu n'avait pas toute sa tête. La voilà bien, la vérité de Foch et de Larousse, la vérité plate et morte des archives.

(Comme si tout était dit, songe Mendel. Comme si tout, une fois fait, était irrémissible.)

— L'homme n'est pas seul, disait Sapir au jeune Mendel. Un acte absurde peut trouver tout son sens grâce à un commentaire juste. Même l'intention mauvaise, dans la mémoire des hommes, peut être rachetée par une bonne explication.

Haïm soudain vient de surgir.

— Les Blancs arrivent, ils sont à Wroclawek.

— Et Grunitzki ?

— Avec, il a trahi.

Mendel ne répond pas. Il regarde Haïm. Quel drôle de petit bonhomme, yeux bleus, cheveux hirsutes. A l'aube du 21, leurs têtes étaient pareilles, vraiment une tête d'enfant qu'on arrache au sommeil, rose et lisse, non, ridée, rose comme le derrière d'un nouveau-né. Yitzhak, Yitzhak. Insupportables, ces yeux bleuâtres, des yeux de poisson mort, même pas effrayés : globuleux, vides. Je ne crois pas qu'il craigne, je ne crois pas qu'il tremble. Je ne me souviens pas comment la chose s'est faite, comment la décision fut prise, Mendel repense.

Oui, maintenant je vais savoir.

Tôt ou tard, l'autre jour, le strudel défendu, tôt ou tard il faut bien savoir, pas comme Nathan, savoir le mal qu'on a dû faire. Haïm, Yitzhak. Un jour ou l'autre, qui le disait, l'homme commet le crime dans l'innocence, irrémissible. Insupportables, les yeux de Haïm, Mendel revoit la scène, insupportables. Ils sont morts sans crier, un filet de sang vermillon, maintenant Mendel Léviné rejoue sa décision. Yitzhak. Le crime, qui le disait, cesse d'être irrémissible dès qu'une mémoire le commente. Voilà, resonge Mendel. La vérité est en avant. Je lève le couteau deux fois, personne n'a arrêté mon bras. La vérité est en avant ou bien je suis fou, innocent. L'éprcuve continue, il faut que cela soit ainsi. Il faut que tout ce sang soit la réponse à un appel.

Maintenant tous se taisent, Witold, Haïm, Nathan. Il se tait, Reb Sapir, je ne vois pas Temra. Le vieux tzaddik scrute Rivka, sa femme aussi la regarde peut-être, à supposer qu'elle soit ici ; mais Rivka, Rivka dont les iris sont aussi noirs que les pupilles, assise sans bouger au bout de la longue table, ne quitte pas des yeux Mendel qui guette en vain un signe d'elle.

Le 28 décembre 1918, Mendel Léviné, de Plotzk, ordonna de fusiller les quatre otages encore en vie.

Soit. Je vous l'avais bien dit : ce ne sont pas les idées qui mènent le monde, mais l'astuce ; l'astuce ou le hasard, la bêtise peut-être, bref l'enchaînement des événements.

Impossible de savoir si Grunitzki était un traître. Ce qui est sûr, c'est que les dessous des guerres sont souvent de la même étoffe que ceux des dames de la haute. Dentelle en l'occurrence, voir les crinolines de Zoé : car la comtesse, nouvelle Hélène, fut le prétexte qu'invoquèrent Blancs, Polaks et Alliés pour réduire la poche de Plotzk.

La répression fut sans nuances. L'armée ratissa le ghetto. Scènes d'horreur, soyons discrets. Même les chattes furent violées, ainsi — absurdité des guerres ! — que le corps du délit lui-même, c'est-à-dire celui de Zoé, qu'un grand houzard à brandebourgs emporta sur l'épaule, comme un jambon, dans un bissac.

Mendel et ses amis se cachèrent chez le Rabbin (ceux qui ne rient pas sont des antisémites). Une semaine après l'invasion, le général John Denikine nomma le carambouilleur Kosowski chef du nouveau ghetto de Plotzk. Sur son faux témoignage, Yaakov Sapir resta à l'abri des poursuites. De tous les membres du Comité, seul Nathan Schoeps fut arrêté ; c'est bien plus tard, au mois d'octobre, qu'il se suicida en prison.

Je crois qu'il est temps, maintenant.

Voilà enfin le cadre prêt.

Je ne dis pas *le* cadre, un cadre plutôt, une histoire, suffisamment idiote pour paraître vraisemblable, oui, ressemblante, compte étant pour une fois tenu, dans l'univers factice des Lettres, de l'idiotie profonde de la réalité.

Voici pourquoi j'écris.

J'écris pour Haïm sur Mendel et Sapir. J'écris pour ceux qui n'écrivent pas, pour ceux qui pensent à peine, qui n'accommodent pas, pour tous ceux qui traversent la vie comme un moucheron la flamme d'une bougie, de rien en rien quoi qu'en dise Goethe, un rien de cendre, pyrolysés comme un déchet dans un four à 500 degrés.

Je n'écris pas pour qu'ils me lisent, mais pour qu'il reste quelque chose sur eux. L'Histoire du monde est une abomination scélérate ; je ne me crois pas tenu de démontrer cette proposition. J'écris des histoires pour illustrer ce qui ne s'est pas dit, ce qui ne se dit pas, tous ces instants vécus perdus de mon enfance et de celle des miens, toutes ces images qui ne sont à personne et qui ne sont qu'à moi pourtant, comme en dépôt, avec une grande interrogation de silence tout autour.

Et de nouveau voici que je repense à la rencontre sur la colline.

Tous ces instants fuyants, enfuis, toutes ces crémations d'éphémères invisibles, sont autant d'étincelles que les mains n'attrapent pas.

Quel feu, quel feu obscur, noir vraiment sur fond de nuit, aurait pouvoir de ramasser celui qui tremble dans les flammèches, l'invisible qui tord encore les scories des fontes anciennes ?

Comment faire pour rassembler toutes ces piqûres de vie infimes, et que le voile d'un seul coup, le voile du temps se déchire ?

Voilà. Le cadre est prêt. La question est posée. Maintenant je peux parler du nœud de cette intrigue, cette fameuse histoire de lumière invisible.

« Dans la ville de Plotzk, le rabbin Shapira, le « tzaddik » local, fut condamné à mort par un tribunal polonais et exécuté en 1919 pour avoir, prétendait-on, envoyé des signaux lumineux secrets à l'Armée rouge qui avançait. »

(Se trouve dans Laqueur, *op. cit.,* p. 482 de la traduction française, ouvrage au reste recommandable quoique de plan un peu confus.)

Quel choc soudain, je me souviens ; non, plutôt quelle révélation. Quatre lignes dans un gros livre, presque invisibles, de l'alchimie. La pierre philosophale cachée dans des têtes-mortes, une formule plutôt pour l'en extraire, à déchiffrer : une réponse, non trouvée, en forme de nouvelle question.

Qui sont les Polonais ?
Qui les Rouges ?
Le tzaddik ?

Détails, détails véniels, selon l'Etat-Civil chacun de nous, comme on dit au théâtre, n'est qu'une tête à l'huile, un figurant pour un seul soir. L'important n'est pas cela, mais toujours le fait, l'expérience, la part commune virtuelle, l'essentiellement-communicable.

Relisons donc ces quatre lignes à la recherche de ce qui compte.

Shapira n'est qu'un nom. Plotzk, une ville. 1919, une année. Pologne, une nation. Rouge, une couleur, un sobriquet. Tzaddik, une profession (catégorie : ecclésiastique). Ces points sont des repères, les panneaux d'un décor. La scène est située. Ce pourrait être une autre. Ce qui compte, c'est l'action qui va s'y jouer.

Là, le mystère.

Si je dis que je fume la pipe, nulle énigme. Je ne suis qu'un détail, tout le monde peut s'acheter une pipe et la fumer.

Cela dit, puisque je m'amuse, façon de parler, à écrire, je peux vouloir cerner certaines choses vécues de plus près. J'aurai alors recours, c'est tout un art de la libération, à des images bizarres, comme celle des étincelles.

Revenons maintenant à l'histoire du tzaddik de Plotzk.

« ... *condamné... prétendait-on... envoyé... signaux secrets.* »

Voici, réduit à l'essentiel, le contenu des quatre lignes.

Là, le mystère. Sertissant cette action absconse, l'anecdote tout entière se révèle insaisissable.

Signaux secrets, lumières, fanaux, je pense tout de suite aux étincelles : elle a la bizarrerie concise des images d'une haggada. Cet aspect littéraire, somme toute rassurant, de l'histoire, poème-enquête-commentaire qui libère l'imagination, un mot pourtant surgit pour le contrer : *condamnation.* Soudain, nous sommes en pleine Histoire, pas celle qui console, celle qui tue ; pas celle, délicieuse, dont l'initiale minuscule ressemble à la chaise au siège bas, au haut dossier, où s'asseyent les aïeules, l'hiver, à la veillée, mais l'Autre, à la grande hache, qu'annonce l'image d'une guillotine. Le rêve ici débouche sur le meurtre ; l'enquête sur un meurtre débusque le lapin d'un rêve. Nouvelle énigme, la plus profonde, cette conjonction des deux. Scandale ou mystère, bref : question, celle du destin de tout un peuple.

C'est à l'instant que je comprends pourquoi j'ai inventé Mendel.

Reb Sapir, le tzaddik, imaginez les hassidim, est-ce que vous croyez vraiment qu'il pouvait « faire de la politique » ? Ce que je sais de lui, trois mots, c'est l'histoire de sa sortie ; comment, en d'autres termes, étincelle devenue flammèche, le Rabbi de légende est *entré* dans l'Histoire.

Si je ne racontais que ça, quelle tristesse ! fini le peuple juif, finies les belles histoires absurdes pleines de sens, mes septante-sept grands-pères-grands-mères ont vécu pour du vent, en hébreu *ruach,* souffle de Dieu, en yiddish familier que dalle.

Par exemple l'histoire des saucisses. Quand ma bisaïeule de Lomza, la petite mère Tchekhapolski, s'en alla par le train en Gaule Chevelue (avec l'oncle dans le tiroir pour payer une place de moins), de braves goyim, qu'apitoyaient les yeux concupiscents des gosses, firent à ceux-ci l'aumône de saucisses chrétiennes. Voilà l'histoire : alors, discrètement, ma bisaïeule s'empare des charcutailles incirconcises, et tout aussi discrètement les balance par la fenêtre. Eh bien, pour ma part, notez bien, je n'impose pas mon opinion, ayant pesé le pour et le contre (encore qu'au dire de plusieurs, les saucisses ne me déplaisent guère), je ne désapprouve pas cet holocauste abrahamique.

Ceci pour dire, une fois encore, ce que je pense de Larousse et du valet du père Bronstein, le Géorgien.

Ce qui compte, c'est le chemin, la transition, la tradition. L'homme n'est pas fait pour atteindre le bonheur, mais pour trouver des trucs, les oublier, recommencer, raconter des histoires, voir du pays, bref jouer le jeu. Un jeu de dupes peut-être, je suis poli, mais quoi ? Pour parler comme Reb Sapir, ce sont ses mots au tribunal, « Toi, Seigneur, tu nous as choisis, mais nous, nous ne t'avons pas choisi. » Ainsi, la fin de toute histoire n'importe pas tant que l'histoire. Une histoire, même, n'a pas de fin, ce qu'on appelle fin fait encore partie de l'histoire, n'est que sa continuation déguisée en chapitre final, en conclusion, parce qu'on a peur de la grande rupture, peur de la nuit qui suit et du silence de la vraie fin, peur de paraître inachevé, homme vivant jusqu'au bout, sans compromission avec la mort.

Cela, oui, Mendel le savait. La Révolution Permanente. Ça a dû être son idée, plus tard, un chef d'accusation tout trouvé pour Sosso. Son chemin fut l'inverse de celui de Reb Sapir : né dans l'histoire, sorti dans la légende, comme Rosa, comme Gustav Landauer, comme Lénine. Je suis parti de quatre lignes, un fait divers, donc une issue : cette condamnation du Shapira de Plotzk, un point d'Histoire, point final d'une histoire aux sources légendaires. L'existence de Mendel, elle, je l'ai déduite ; sans lui tout ce récit serait un chant funèbre, le vestige mort de temps anciens. Mendel vit jusqu'à nous, il ne cesse de quitter l'Histoire pour la légende où d'emblée je l'ai situé, ce personnage de fiction, de notre point de vue de Modernes pour qui le dernier mythe qui vive s'appelle la Révolution.

Je suis content de cette digression. A présent je suis sûr d'une chose : Yaakov Sapir était coupable, lui et Mendel ont conspiré. Si l'affaire des signaux était une pure invention, quelque chose dans le goût du sang chrétien dans les matzos, mon tzaddik serait mort pour rien, victime ordinaire de l'Histoire. L'anecdote hassidique redeviendrait un fait divers et mon étude, sans vouloir vexer personne, un roman.

Ceci me force à rectifier ce que j'ai dit sur les parcours, sur la rencontre de Mendel et de Sapir à mi-chemin.

Sapir s'oppose à Mendel, soit, mais se prolonge en lui, surtout. La symétrie est une mauvaise notion, plane, spatiale. Sapir-Mendel, l'ancien et le nouveau, ne coïncident pas, ce sont des conjurés. (Au risque, encore une fois, de choquer les âmes pieuses, j'ajouterai : des Sages de Sion, c'est un hommage terrifié venant des Fous de Babylone.) Resonge donc à Sapir, ce vieux charlatan, Witold bis. Je le revois dans sa baleine, expulsé sur la neige, là-haut. Il a ouvert les yeux pour la photo, Yaakov. A ce moment, oui, je le vois, il tourne le dos à de vieux rites : neige, neige et nuit, après la salve il s'effondre sur notre temps. Imagine à présent Mendel, le clandestin, en quelle année, 37, 41, il neige aussi. Je ne sais pas quand il est mort, il était né exactement le 24 mai 1891. Pour l'heure, c'est un bacille hitléro-trotskyste, je crois. Rivka est surveillée, elle n'a plus de nouvelles. Elle écrira peut-être un livre, si elle survit : j'ai rencontré son petit-fils, en 67, à Berlin-Ouest, j'ai perdu son adresse, il étudie à Columbia.

Mendel avait été l'élève de Sapir. Ce trait le distinguait de Nathan Schoeps, d'Ascher Lifschitz. L'histoire du tzaddik n'a pas fini avec sa mort. Pour eux, Sapir-Mendel, celle avec un grand H n'était qu'une transition, un fossé à franchir : la faille terrible de leur époque, oui, de la nôtre, neige et sang. Indiquer le chemin qui traverse et vainc le gouffre, un homme seul ne le peut pas, le temps est plus fort que lui. Entre la loi qui fut donnée et celle qui n'est pas encore, d'une légende ou rêve à l'autre, l'abîme persiste, l'oubli se creuse : le temps, l'Histoire est une épreuve que seule la tradition surmonte.

Me revoici donc confronté à ce mystère des lumières. Et de nouveau, c'est sur moi que tout repose, maintenant. Rivka n'a pas écrit de livre, plus personne ne connaît Sapir. Entre le tzaddik et Mendel, c'est moi qui suis la tradition. C'est moi, un inconnu, athée et sans parti, mécréant devant toute loi, ancienne, future, moi qui (à peu près comme vous) n'ai a priori rien à voir avec toute cette histoire de Plotzk ; oui, c'est moi ici, dans le vide, qui pour passer le temps vraiment, faire quelque chose de ma parole au lieu de jouer à être mort, me suis mis l'autre soir à relever cette étincelle. C'était un soir de mai, je me souviens, le gros Laqueur. On dirait une phrase de Nathan : « fameux sujet pour une nouvelle ». Sous-entendu : moi, le pohète, j'm'en vas sauver d'l'oubli c't'histoire, maxbroder d'sus. Ce que je n'avais pas prévu, alors, encore que finalement si, peut-être, aurais-je commencé sans cette louche intuition, c'est qu'à mesure que j'interrogerais mon anecdote, celle-ci, renversant les rôles, prendrait l'initiative de me poser les questions.

Witold-la-carambouille se frotte les mains, le fin stratège. Je suis tombé dans le panneau, c'est moi qui remplace Babou. J'étais content du titre, cabale-kabbale-kbl : le complot, le secret, l'idée de transmission. Mais qui d'autre que moi (et vous, par conséquent) se retrouve pris au piège, Gros-Jean comme derrière ? Qui s'égare dans l'étude ? Qui se voit reprocher par l'ombre du tzaddik au fanal noir, au long caftan, d'être aussi peu lettré qu'un *amhorez,* à peine plus savant qu'un académicien, coupable d'être né oublieux de la Loi ?

Je l'imagine, c'est ma parade, le vieux Sapir, à son procès.

D'ici où ne sont pas les spectateurs, il y a huis-clos, on voit à peine dépasser sa tête, sa calotte, ses *peyess.* Le box de l'accusé est une baignoire de velours rouge ; couché au fond de son sabot comme l'étranger Jean-Paul Mara, le pauvre vieux Rabbin ne fait plus peur aux soldats Blancs, aux officiers de carton-pâte que chamarrent de lourds brandebourgs.

— Le grand Tzaddik s'est fait poisser, pensé-je à part moi, c'est l'Histoire.

— Yaakov s'est fait poisser, répète Dieu comme un arara.

Coup de théâtre. A ces mots d'une platitude indigne, je prends parti pour Reb Sapir mon adversaire, et contre Lui.

— Baudruche pantouflarde, ai-je envie de crier, es-tu celui qui es, ou téléspectateur ?

(Pallaksch, pallaksch, l'Histoire est pire de nos jours, pas vraiment plus cruelle, mais elle contamine le langage.)

L'accusé vient de se lever. Il porte une longue robe blanche ; c'est la tenue de fête des tzaddikim, habit de joie.

Les crânes chauves, luisants sous les casquettes, se détournent. Une épaisse fumée emplit la salle ; un coup, deux, trois. Au fond, sur scène, sous un dais armorié, brille le laiton jaune d'une chapelle militaire. Le Monsieur qui joue du tuba, c'est le Maréchal Pilsudski : il a les joues gonflées de vent et une paire de belles moustaches. Derrière lui, à gauche, à droite, deux bonshommes suivent la partition ; le grand, à gauche, je le connais, Sosso Vibrionovitch ; quand au petit nerveux, ça non, comment dites-vous, oui oui, celui qui cherche ses puces — Adolphe, tiens, comme mon grand-père.

L'accusé vient de se lever. Die Fahne hoch, Dieu protège le tsar. Musique ou pas, personne n'écoute Sapir ; pourquoi d'ailleurs l'écouteraient-ils, puisqu'il ne s'adresse pas à eux ?

— Salut, Seigneur, dit Reb Sapir. Je suis Yaakov, fils de Sara. Tu me connais, Yaakov Sapir, fils de Sara, tzaddik de Plotzk.

Il y a un procès ici, procès truqué, des manigances. On voudrait nous faire croire que c'est moi l'accusé : inutile, Seigneur, j'ai reconnu tes tours, j'ai reconnu tes anges à leur moustache. Oui, un procès. Je sais, j'ai vu : je l'ai instruit, j'ai étudié les lourds dossiers. Aujourd'hui, mon Seigneur, est un grand jour, le procès s'ouvre. Ecoute encore : personne, pas même toi, personne ne peut plus me réduire au silence. Maintenant, je le sais, l'affaire est truquée, je suis fait. Les juges sont corrompus, les pires des goyim ; tu les as choisis exprès parmi tes ennemis, les nôtres. Ecoute-moi : même si la cire bouche tes oreilles, sache que je vais parler, parler plus fort, corner dans le grand vide jusqu'à ce que tu entendes, de gré, de force, la voix d'un homme qui va mourir.

Salut, Seigneur. Je ne veux pas plaider pour l'homme, je requiers.

Je requiers contre toi au nom de mon père Abraham. Tu t'es montré injuste envers les justes de Sodome. Etaient-ils neuf, huit, sept, six, cinq ou bien un seul, cela n'importe. Les hommes ne sont pas des troupeaux, des marchandises qu'on vend par lots. En détruisant Sodome, tu t'es conduit comme un soudard.

Je requerrai encore au nom d'Abraham, le premier.

Le sacrifice d'Isaac, il n'y a pas de quoi pavoiser. Es-tu mon Seigneur ou Moloch, pour jouer avec l'homme comme l'homme avec les mouches ? C'est une épreuve, peut-être, le crime ? Fourbe, assassin.

Je requiers maintenant au nom de Job, le malheureux.

Tu as trinqué avec Satan, oui, c'est lui qui t'a débauché. Tu as torturé Job inutilement, comme un Cosaque. J'ai étudié, je sais le sens des termes : aucun érudit n'appelle ça une épreuve. Du début à la fin, tu n'as pas dessoûlé. Ta péroraison est mauvaise, elle est pâteuse, elle est ratée. C'est une tache dans le Livre, indélébile comme tes crimes.

Etre Juif me suffit, aux Egyptiens de requérir : mais, entre nous, et en passant, l'histoire des premiers-nés, tu en es fier ?

Ecoute-moi encore, Seigneur, je ne suis que cendre et poussière ; dans un moment je vais mourir, mais je ne boirai pas le schnaps, car je préfère parler, j'en ai le droit, parler est ma dernière volonté, je suis un Juif.

J'ai cédé à la tentation, j'ai enfreint mille fois ta loi. Je mérite la mort et je l'accepte, moi qui te crains. C'est vrai, je suis injuste, mais écoute : mon peuple, non. J'ai été un mauvais tzaddik : est-ce la faute de mes hassidim ? A quoi rime notre exil, au point où le monde en vient ? Ce n'est plus une épreuve, c'est la mort nue pour tous, bientôt. Cette cruauté n'a plus de sens ; chercher un sens, au train où vont les choses, va devenir sous peu blasphématoire, scandaleux. Le jour approche, je te le dis, Seigneur, où même les Juifs renonceront à faire des commentaires. Si tu continues, je le sens, ton peuple va te déserter. Alors, bien simple, plus de Juif ni de goy, le mieux pour toi sera de disparaître : un jour viendra, peut-être, où tu n'auras plus d'autre choix.

Je parlerai maintenant au nom des Juifs de Plotzk.

Tu as assassiné la grand-mère Léviné. Tu as assassiné le père Morgensztern. Tu as poussé Nathan au désespoir, j'entends le coup de fusil, ton image qui s'abat. Tu as tué Haïm Lanski, Haïm qui n'a jamais fait le mal. Je te pardonnerai tout, mais pas la mort de Haïm. Voilà, Seigneur, à cause de tous ces crimes, je n'ai pas à te condamner, mais je demande réparation :

Yitgadal veyitqadach Chemé rabba.

....

9 juillet, quatre heures et quart. Il fait un temps de saison, ciel bleu, quelques nuages. La table où je m'accoude est au nord, le

soleil en face. A travers la trame des rideaux, du vrai papier millimétré, je vois à gauche un tas de toits, à droite une grande maison carrée. Beaucoup de gens sont partis en vacances, partout des stores fermés, jaune brillant, des volets clos.

Nous sommes à Paris. Paris est la capitale de la France. Il y a des géraniums, rouges, deux pots sur mon balcon, en tout seize sommités florales. D'ici où je suis assis, il n'y a rien à voir qui bouge. Tout est en ordre, déjà, comme si j'étais ailleurs. Il n'y a rien d'intéressant, rien de désespérant non plus. Il n'y a rien à dire, vraiment, pas lieu de se taire, même pas ; rien à attendre maintenant d'aucune espèce de silence.

Je ne sais pas quoi dire de la mort de Nathan. Je n'essaie pas d'imaginer comment il est mort, ni pourquoi. Je ne suis pas dans la baleine, je suis dehors, me semble-t-il. Je me sens détaché de cette histoire, de toute histoire : je vais lâcher Nathan sans une larme, voilà, c'est fait, je crois que j'imagine comment il s'est soustrait.

J'avais une autre idée, à la néo-Babou.

Je monte la fin à l'envers : de l'exécution aux signaux.

1, la mort.

2, procès.

3, ils arrêtent Sapir.

A intercaler, le repas. 4, les polaks, le repli russe.

5, Haïm fusillé par les Rouges.

6, l'attaque.

7, la lumière obscure, last but not least, l'affaire en somme.

Une armée qui charge à reculons, voilà du rare. Un condamné innocenté, quelle fin heureuse, n'est-ce pas : que dire alors d'un mort qui démeurt, d'un corps détouché qui détombe et se libère, vivante image de la Résurrection !

. erutaréttil al ed eirehcrepus, egitserP

. uerbéh'l ed tiarid no, ehcuag à etiord ed eril A.

. esueirés esohc tse spmet el, tidretni tse'm aleC. meloG ed euqinacém, neidlotiw édécorP — voilà, fini de jouer, j'ai retiré le petit billet.

Quoi, maintenant ?

Quel ordre chronologique ?

Il y eut un jour, il y eut un matin.

La plus dure semaine, avant la répression, fut celle qui suivit l'exécution des quatre otages.

Angoisse, le quartier juif vibre de prières comme un temple. Faux-Messie, vrai Messie, pauvre yiddl dans l'engrenage, tout le monde le connaît, Mendel, le pharmacien, mais personne ne comprend quel rôle il faut qu'il joue.

Quelle pitié, Rivkelé.

C'est mauvais pour les Juifs.

Ça devait arriver, Mendel est un pécheur.

Mendel a moins péché que moi, dit le tzaddik (maintenant tout est perdu, les Blancs ont saccagé la ville, Polonais ou Blancs c'est pareil, le ghetto qui saigne et qui fume).

— Moi, Yaakov, dit Reb Sapir, fils de Sara, je le connais. Je connais le vrai responsable, et il ne s'appelle pas Mendel.

Grattements, grincements. Le plafond craque, talons-marteaux. Temra se tait, debout, en blanc, à supposer qu'elle soit ici, je ne sais pas si elle écoute, si elle voit.

Witold, tapi.

C'est à Witold qu'appartenait le matériel saisi. Des espèces de cartouches peintes en gris métallisé avec des lettres noires, une inscription en russe à demi effacée. Le colporteur Méir les avait transportées depuis Lemberg, plus loin peut-être, au fond de sa boîte à cirage. Quel était leur contenu, allez savoir, on dit on dit, fumigène ou feu de Bengale, elles étaient vides quand ils ont pris Sapir. De là à conclure que Witold fut l'âme du complot, pourquoi pas, il peut aussi avoir soufflé les dernières paroles du tzaddik. Il n'a pas témoigné, Witold, plus tard, il s'est enfui comme Mendel, mais pas du même côté. Je supposerais plutôt que Reb Sapir les a volées, ces fameuses cartouches, qu'il les a détournées de leur destination prévue. Il a pu les acheter à Méir en cachette, ou encore soudoyer Witold, pas impossible, avec ou sans l'accord de Mendel. Sans l'accord. En devançant Mendel, en le prenant de court, comme Abraham pour ainsi dire, ce qui n'exclut pas pour autant que Witold ait mené le jeu, qu'il ait exprès tenté Sapir, l'esprit retors.

Witold n'a pas livré Mendel non plus. Il aurait pu. Mendel le détestait déjà à l'époque de la Commune de Plotzk : quand le chef du quartier eut fait arrêter Nathan Schoeps, à cause de cette invraisemblable histoire de Zoé, dont il était lui-même responsable, Mendel envisagea de supprimer le traître. L'attentat, qui fut préparé avec le concours du kantor, devait avoir lieu le 23 janvier. Deux fois, les événements contraignirent d'y renoncer ; l'écrasement final du ghetto sauva la vie de Kosowski. Elle est étrange, dans cette affaire, la confiance dont Witold fit preuve ; peut-être savait-il quel sort Mendel lui réservait, acceptait-il d'avance l'idée de disparaître, à moins qu'il devinât, cartes truquées en main, l'échec inévitable de la Révolution.

.stiaf xua cnod snoneveR
Sapir sur la colline.

...prétendait-on... envoyé... signaux secrets..., je ne sais pas.

Y a-t-il seulement une colline à Plotzk ? Il y en avait bien une à Lomza, grand-mère raconte, haute comme le Foujiyama, couverte d'un unique immense champ de blé, sur fond de ciel bleu j'imagine, bleu de cobalt. La Vistule par contre, ça non, pas nécessaire, quoique Mendel, je n'y ai pas pensé, eût pu prendre la ville par voie de mer, la sauce Aurore. Non, plutôt une colline à Plotzk, presque une montagne. Les Juifs n'aiment pas le temps qui coule, mauvais marins ; Pierre Larousse aura truqué la carte comme les dates.

Reb Sapir se leva de bon matin, sella son âne.

Sapir monta avec Mendel, Ascher Lifschitz et Menahem, et soixante-dix hassidim de la ville.

Sapir monta sur la montagne, et la nuée couvrit la montagne ; ensuite, personne ne sait ce qui s'est passé, ni avant ni pendant non plus, on dit on dit. Il y a eu là-haut une histoire de feu, j'imagine. Une histoire de feu noir, de lumière invisible. Pour moi qui reste en bas, accroupi comme le scribe, cherchant mes mots, cherchant les signes de Dieu sait quel rébus, quelle combine, ce n'est pas dans cette formule le mot *lumière* qui compte, mais *invisible.* Si je dis *invisible,* cependant, qu'est-ce qui prouve que ce X invisible était bien une lumière ? J'invente, j'invente et je spécule, on n'en sort pas, c'est exactement comme quand je parle de Temra, de Rivka, de celles qui se taisent et dont par conséquent je ne peux rien savoir, n'ayant aucune parole d'elles à rapporter, rien qu'une image blanche, surexposée, une image vide.

Ainsi, j'ignore la cause de la mort de Sapir. J'ignore absolument le fond de cette affaire, je l'ignore même de plus en plus, à mesure que je le cerne, sonde la faille qui mine tous mes discours. Notez bien, ce n'est pas que je connaisse les effets, mais eux, chose évidente, je peux les reconstituer, je peux au moins en imaginer d'autres aussi vraisemblables que les « authentiques » que j'ignore. Les causes secondes, je les saisis, six balles de chassepot dans le corps du tzaddik de Plotzk. Vous ai-je dit, maintenant j'y pense, que mon histoire n'est pas un roman ? Eh bien, c'est fait. Je crois que je me répète, mais les goyim ont l'esprit lourd (je ne veux blesser personne : être juif, c'est une limite, un idéal, pas nécessairement le mien ; tout Juif naît goy, est d'abord goy, selon la natura rerum c'est même la seule chose certaine que nous puissions savoir sur lui.) Oui, bref, je disais donc, ceci n'est pas un roman. Je pencherais plutôt pour la théologie, si seulement Logos n'avait pas fui avec Théo, ces siècles-ci. Le seul, pourrait-on croire, qui connaissait le X, mais c'était Reb Sapir, bien sûr, le vieux tzaddik. Lui seul, avec son Baal-Shem-Tov infus, pouvait parler précisément de la lumière, puisqu'il l'a vue. Il était seul, Sapir, en haut de la colline ; il était seul aussi à son procès. Aussi, j'avoue : tous les grands discours contre Dieu, c'est pure invention de ma part. J'ai fait semblant d'être à sa place, j'ignore tout de ses vraies paroles. Je ne sais même pas s'il s'est défendu, au procès, y a-t-il eu procès seulement, avec l'Armée, et blanche en plus, rien n'est moins sûr. Sans début, sans milieu, quel ordre chronologique, ou simplement logique, pourrais-je bien respecter ? Ma seule certitude, c'est que Sapir est mort, était-ce seulement Sapir, disons « quelqu'un », mort fusillé. C'est justement cette seule image que je voulais chasser, cette fin bidon. Si c'était pour finir par dire « les morts sont morts », par dire « je vais mourir » et vous aussi qui me lisez, j'aurais aussi bien fait de ne pas commencer, en ne commençant pas j'évitais de finir, je pouvais vivre à la Tao, couler avec le fleuve du temps sans pensée ni mémoire, comme les Enervés de Jumièges dans le tableau de Luminais. Mais enfin, comme disait mon grand-père, ce qui est fait est fait, ou plutôt le contraire, perdu pour perdu, au point où nous sommes rendus cette entreprise sans espoir devient une espèce de monstre, un roman-hippogriffe à double entrée, si j'ose dire.

Q. — Expliquez-nous le sens de ce discours cabalistique.

R. — Le sens de ce discours cabalistique est le suivant :

Il appert, *je viens juste d'y penser,* que l'incapacité dans laquelle je me trouve d'éclaircir le mystère des signaux secrets, de saisir la cause profonde de l'événement que je commente, Reb Sapir à sa façon l'a connue et partagée. Je n'évoquerai pas la descente de Sapir au fond de la baleine : je l'ai déduite, je l'ai rêvée, cette version est réfutable. Tenons-nous-en simplement aux quatre lignes de Laqueur. Qu'est-ce qu'un tzaddik, réponds, et qu'est-ce que l'Armée rouge ?

Q. — Un tzaddik, c'est pire qu'un rabbin, un genre de thaumaturge. Quant à...

R. — Cela, ô Théétès, du moins, est parfaitement certes exact. Nous savons. Ainsi, j'avais raison de dire, sur le vu de son seul destin, que le tzaddik de Plotzk est *sorti de sa loi,* qu'il est, en d'autres termes, entré dans l'Histoire comme un cambrioleur, par bris de clôture et effraction.

Q. — Voilà pour la première entrée, si je t'ai bien compris. Mais l'autre ?

R. — Elle est exactement l'inverse. Mon point de départ, c'est le point d'arrivée de Reb Sapir : l'Histoire, la mort. De là, j'essaie de remonter, en vain comme tu le vois, jusqu'au sommet brumeux de la colline des Lumières. A présent, Théétès, à toi de m'instruire, veux-tu ; dis-moi quels monstres tu connais.

Q. — Il y a des monstres sans queue ni tête, des monstres à deux têtes et une queue, d'autres à une tête et deux queues, d'autres encore à plusieurs têtes et plusieurs queues, d'au...

R. — ... tres comme le mien, dont la queue, à l'envers, devient aussi la tête, et la tête la queue. Mais dis-moi, Théétès, dans quel sens écrit-on en hébreu ?

Q. — De droite à gauche, ô Marc Petit, si mes souvenirs sont exacts.

R. — Ainsi, il est logique que l'histoire de Sapir, qui est sorti de son Shtettl pour se tourner vers l'Armée rouge, se lise de gauche à droite, en allant vers la fin ; il est logique, inversement, que mon essai de remontée aux sources se lise en quelque sorte de droite à gauche, comme l'hébreu.

Q. — Par ma foi, il me semble que tu es le grand Rabbi Loew.

R. — Hélas ou bien tant mieux, ô Théétès, le Golem boite. Tu sais ce qu'est un palindrome : il se lit dans les deux sens, vers la droite, en boustrophédon. Voici la faille, cher Théétès : il manque un cœur à mon Golem. En allant vers la gauche, je ne vois pas le sens de la lettre du milieu.

Q. — Cela n'est pas si grave, à mon avis, Lion de Belfort : ton roman révèle un talent prometteur.

R. — ... Tel quel (si j'ose dire), il est à l'image d'une montagne, de la colline de Plotzk par exemple, d'un volcan : deux moitiés, deux versants qui se rejoignent, et au milieu, en haut, un trou béant, oui, un cratère. D'ici où nous restons assis, tranquillement, à discuter, nous ne pouvons pas voir le feu qui est dedans, la lumière qui l'habite continuellement. Nous ne voyons que des volutes : un sommet, sans doute, mais fumeux.

Q. — Explique-moi, s'il te plaît, le nom de cet ouvrage. J'aurais bien vu, comme titre, « au-dessous du volcan ».

R. — Un autre déjà, un maître. Ou bien : « la lumière invisible. » Pas assez commercial, au sens juif de ce terme, commerce égale dialogue, une conversation comme la nôtre.

Ecoute, ô Théétès, toi qui me pousses à réfléchir. Cabale a deux sens différents, plus deux autres ; je m'en vais te les expliquer.

L'histoire de Reb Sapir, celle de la Commune de Plotzk, bien qu'elle s'oriente politiquement à gauche, est dextrogyre. C'est l'histoire d'une *cabale* de Révolutionnaires, d'un complot riche en aléas et manigances de toutes sortes. Mon étude sur Reb Sapir, de ses sources, de ses lumières, se rapprocherait de la *Kabbale,* c'est du discours spéculatif ; mais je ne connais de la gnose que l'abîme de mon ignorance. Cet échec n'aurait pas suffi à me faire écrire C, pas K, si le chemin du vieux tzaddik n'avait été celui que j'ai dit.

Je ne t'ai pas encore reparlé de Mendel. Nous arrivons à lui, maintenant, il vient à nous. Mendel est le fils spirituel de Reb Sapir, un cabaliste. La vraie histoire de Mendel commence au retour du tzaddik, après le grand nocturne, la scène du feu sur la colline. Au petit matin, le 28, quand Reb Sapir redescendit, les Rouges avaient libéré Plotzk à l'issue d'une percée-éclair. Le visage du tzaddik était calme et vieilli, ses traits lisses déjà comme ceux d'un masque de mort. Lorsqu'il embrassa Mendel, sans emphase, presque gêné, chacun comprit que c'en était fini pour lui, le grand retrait. C'est ainsi qu'un petit pharmacien en blouse grise succéda au dernier des tzaddikim de Plotzk, un jour obscur de fin janvier 19, 19 ou 20.

Mais tout ceci est inventé. Mendel n'a jamais existé. De Sapir à Mendel, c'est moi qui suis la tradition. Voilà, patience, bientôt fini, j'ai promis d'expliquer deux autres sens du mot cabale : le plus ancien de tous, et le dernier. Kabbale vient d'un radical hébraïque, kbl, qui veut dire « transmettre » ; tel est le sens le plus ancien dont je parlais. Quant à l'autre, c'est à toi, jeune Théétès, de m'instruire : dis-moi donc, je te prie, ce qu'on nomme couramment un discours « cabalistique ».

Q. — Par ma foi, grand Rabbi Dupont, maintenant je crois le savoir : c'est un discours comme le tien, assurément.

Haïm Lanski.

Non, non et non, Histoire, tu n'es pas une libération. Tu es l'exil nouveau et le désert de notre temps : quel Moïse conduira les peuples vers le non-lieu de la promesse ? Tu es l'épreuve suprême et criminelle, l'Aquéda ; Abraham tremble, pas Isaac, le bourreau et non la victime, Saint-Just et Robespierre plus que Danton, élus qui savent.

Les Rouges ont fusillé Haïm.

Ils ont trouvé chez lui le portrait du Tsar, accroché. Haïm n'a pas eu le temps de parler, en quelle langue, comment s'exprimer. qu'expliquer, pauvre Haïm ?

Il est mort en disant Maman, c'est une formule passe-partout.

Mort par mégarde. L'erreur est la pire des épreuves. Personne ne guide ma main depuis le début de ce livre, je cabote à vue dans la brume le long d'un rivage fantôme. Errare humanum est, l'erreur est le propre de l'homme, et dire qu'il y a des imbéciles pour réclamer ça comme un droit ! La liberté du commentaire est celle d'errer, comme Caïn, je revendiquerais plutôt le droit de dire la vérité. Pauvre Haïm. C'est lui, seul innocent, qui a fait les frais de l'erreur. La liberté du commentaire est infinie, hélas, pourquoi les âmes simples s'attachent-elles toujours aux images les plus désolantes d'un bonheur qu'elles ne conçoivent pas ? C'est la faute au Rizhiner, c'est à cause du Faux-Messie, de l'image que l'homme se fait de l'inimaginable, Ex. 20, 4. Haïm est une fille, c'est Nathan qui le disait, il ne pense pas assez pour un homme, pour un Juif, il nous ennuie avec sa petite Mère, celui-là. Viril au moins, Nathan, comme Nietzschke disait Mendel, un vrai Zaracadabra, vous savez ; un doigt sur la gâchette et l'Ubermensch s'est accompli, adieu l'Histoire, que la nuit soit.

Les quelques lignes qui suivent sont inventées mais vraisemblables. Elles n'ont guère d'importance mais manqueraient dans le récit.

Les bolcheviks, négligeant d'attaquer Varsovie, avaient poussé trop loin de leur corral de Volhynie.

La faim les réduisit à manger leurs montures. La cavalerie, devenu squelettique, fut repoussée par les polaques aussi vite qu'elle avait percé ; pour la première fois, Sosso, jaloux depuis longtemps de Boudienny-Toukhatchevsky, osa reprocher à Lénine et à Bronstein la témérité de leurs vues stratégiques.

Il faisait un temps déroutant, en ce mois de mars 19. Des giboulées continuelles, rares sur les plaines de Pologne, mélangeaient les saisons, chaos de printemps et d'hiver.

Le jour des pains sans levain, appelé Pessach, approchait, et Sapir envoya Mendel et David Teitelboim, en disant : allez nous préparer la Pâque, afin que nous la mangions.

Le soir venu, il se mit à table, et ce qui restait de la Commune de Plotzk avec lui. Temra alluma le premier chandelier : je la vois soudain immobile, elle s'appuie contre le mur, ses yeux noirs se posent sur Rivka qui s'approche d'elle et prend sa main.

Pendant qu'ils étaient à table et qu'ils mangeaient, Reb Sapir dit : Les Polonais ont gagné la partie. Vous allez devoir fuir, Mendel, David, vous tous. Il faut que quelqu'un reste à Plotzk, je suis le plus vieux. J'étais le tzaddik de la ville et ne le suis plus, j'ai failli. Je n'ai jamais été à la hauteur de cette tâche, je le sais bien ; je ne dis pas cela pour me déprécier à vos yeux, mais pour que vous sachiez comme votre tâche est haute, plus haute qu'un homme seul, plus haute que le plus haut tzaddik.

Voici ce que je crains : les nations vont se venger sur nous des millions de crimes qui ont été commis depuis cinq ans contre les peuples. Les Juifs devront apprendre à se méfier de toutes, à ne jamais compter que sur leurs propres forces.

Un jour viendra où vous me comprendrez : vous êtes mes derniers disciples. Ne mangez pas ce pain en mémoire de moi ; laissez-moi boire ce vin plein d'espérance en vous. La Pâque de l'Eternel, la première, souvenez-vous, ne commémore pas notre sortie d'Egypte ; ce qu'elle célèbre, c'est l'annonce faite, c'est notre espoir, c'est notre attente. Moi-même, votre tzaddik, je suis sorti, je suis fini. Je vais mourir dans le désert, je ne verrai pas Canaan. Ce soir je vais rouler sous la table, oui, fin saoul : ce vin que je vais boire est mon dernier, je vous le dis. Nous entrons dans la nuit, la nuit longue et cruciale, moi je vais m'endormir, car je ne verrai pas le jour ; mais vous au contraire, mes enfants, vous veillerez jusqu'au matin. Ecoutez-moi encore : quand nous aurons chanté, vous irez seuls sur la montagne. Je resterai ici, je ne vous ferai pas de croc-en-jambes. Vous êtes grands, vous monterez tous seuls sans vous casser la gueule, le chemin est fait maintenant, c'est moi qui l'ai frayé l'autre nuit.

Mendel pleure, pas Rivka.

Reb Sapir lève son verre.

— Je bois à la santé de tous les Juifs de Plotzk. Je pense à mes pauvres hassidim : c'est pour eux que je reste ici. Je serai le bouc émissaire, les Polonais les épargneront. J'ai voulu les aider, j'ai multiplié les petits pains, parce que je les aimais j'ai fait le charlatan ; oui, je vous ai bernés de faux miracles, de bonnes paroles, au lieu du vrai miracle invisible, du Bon-Nom. Quand vous serez partis, toi là-bas, toi ailleurs, ne craignez pas pour eux : la bonne Temra veillera sur tous ; quoi qu'il leur arrive, où qu'ils aillent, j'ai confiance en elle, je sais, elle ne les quittera pas jusqu'au bout de la nuit.

Je bois à la santé de David Teitelboim. Tu es sioniste, pas comme moi, tu t'en iras en Eretz-Israël. Ce chemin n'est pas le seul, c'est le plus difficile peut-être, mais quelle leçon pour les nations, la réunion du peuple unique ! Je te souhaite bonne chance, David, vœu contre vœu, n'oublie pas Plotzk.

Je bois à la santé de notre Mendel. Il m'a vaincu : à cause de lui j'ai déposé mon tablier, tu ris, tu ris, il rit parce qu'entre nous il y a un secret, lui seul comprend le sens de mon « autocritique », n'est-ce pas, kantor, c'est toi qui m'as appris ce mot.

Ecoute, Mendelé, je veux te dire une seule chose, ne quitte pas Rivka, sans elle tu seras perdu. Un homme sans femme, tu connais le Talmud, c'est un esprit sans cœur, une volonté sans corps ; souviens-toi de mes paroles autant que j'espère en toi.

Mendel, David, Menahem, et toi aussi Ascher le mécréant, vous allez bientôt prendre congé de nous. Ecoutez-moi, j'ai une chose importante à dire à tous. Le monde est comme la boîte de Méir, le colporteur : c'est un véritable bordel, peu de choses bonnes, beaucoup de camelote. Les choses vraiment précieuses sont cachées tout au fond, à l'abri des regards des douaniers et des voleurs. Ce qui surnage, par conséquent, c'est vieilles fripes et vieux journaux. Le dessus du pavé est couvert d'ordures, de crottin ; les rois qui gouvernent les nations ne sont que charogne et fumier. Vous, les meilleurs des Juifs, vous ressemblez à ces étincelles d'or qui dorment au fond des bouteilles de Danziger Goldwasser. Longtemps, trop longtemps nous avons reposé dans les eaux profondes des peuples. Le spectacle vient de commencer, on a agité la bouteille. Ne vous attendez pas à être aimés : vous êtes un trouble. On vous traitera, n'est-ce pas Mendel, de bacilles dissolvants, de poison ; c'est ainsi qu'ils vous nommeront, ceux qui grouillent sur le monde comme les poux et les pustules. Eh bien oui, à vous d'être le poison qu'ils redoutent, le remède qui libérera la terre de cette vermine. Soyez les ennemis des ennemis des hommes : n'aimez pas votre prochain plus que le médecin n'aime son patient ; car s'il l'aimait, il compatirait à son mal au lieu de le soigner. Haïssez l'infection avec prudence et froideur, pourchassez-la jusque dans les corps qu'on croit sains. En vérité, mes enfants, je vous le dis : soyez humbles, on vous abaissera ; implorez qu'on vous tolère, et l'on vous rejettera ; cherchez l'amour des hommes et les hommes vous haïront. Mais soyez impitoyables, et l'on vous redoutera ; refusez l'ordre des nations, et l'injustice vacillera ; vous serez comme la graine germée qui fait éclater la muraille.

Tous les convives burent, chantèrent. On échangea peu de paroles ; à la fin du repas, comme on allait se séparer, l'ancien tzaddik, vêtu de blanc, leva une dernière fois son verre.

— Ce qui doit arriver arrive, dit-il. J'entends quelqu'un monter les marches.

Silence.
Witold est là.
Il s'assoit à la table.

Son geste est brusque et flou, sa voix brouillée, il pue le schnaps.

— Vous ne m'attendiez pas, dit Witold.

Mendel tremble.

Répondez, crie Witold. — Réponds toi-même, dit Reb Sapir.

Witold rafle la part du Messie, il s'empiffre. Devant le sacrilège, Sapir n'a pas bougé :

Mendel, qui a compris, se rassied et écoute.

— C'est déjà fait, Rabbi, dit Witold. Pour demain.

— Enfin tu auras accompli quelque chose, l'empêcheur.

— Je suis battu, Rabbi. Demain je m'en vais, j'abandonne. Je vais faire un autre métier, trahir ne m'intéresse plus.

— Tu mens, Witold. Tu es incorrigible.

— Voici l'argent, Rabbi, je n'en veux pas.

— Garde-le. Tu l'as mérité. Il fallait que quelqu'un me livre. Toi seul pouvais le faire : grâce à toi, les Juifs de Plotzk auront la vie sauve.

— Yaakov, Yaakov, clame Witold, tu es cruel. Tu m'as retourné comme un gant. Je croyais te tenter et c'est moi qui ai succombé.

— Nous avons tous les deux gagné et perdu, dit Sapir. Tu m'as tenté, mais je t'ai tenté, la chose est faite.

— Hélas, hélas, Yaakov, j'ai cru trop tôt jouer en maître. Qui ai-je servi ? Tous mes détours, maintenant je le sais, n'ont fait que hâter le cours des choses, et il m'échappe. A cause de toi, regarde, me voilà réduit au chômage : dis-moi ce que je dois faire, grand Rabbi, et j'obéirai à tes ordres.

Sapir se tait. Il songe aux disciples du Besht : l'un d'eux, sans nom, a mal tourné, dit-on. Qui sait s'il n'était pas, lui seul, le juste caché, un des trente-six qui soutiennent le monde ?

— Va-t-en, va-t-en, s'écrie le vieux tzaddik — ce sont là ses dernières paroles. Va-t-en au diable, comme Caïn, prends ton bâton de vagabond. L'Eternel t'a vaincu, toi tu restes un escroc ; mais Il a besoin de toi. Parce que tu mens à merveille, voici comment tu mendieras ton pain : tu raconteras cette histoire, toujours la même, toujours une autre, jusqu'à la fin des temps — et la fin t'échappera toujours.

Evidemment que j'ai menti, moi aussi, puisque je raconte. J'ai menti comme Luc et Marc, la scène n'a jamais eu lieu. La véritable histoire de Seder, je vais vous dire, c'est une joyeuse farce de famille. Repas, prières. On ouvre la porte pour le prophète Elie, qui est-ce qui rentre, hou-hou, c'est mon grand-père, sa belle-mère tombe dans les pommes, Avromelé, Avromelé.

Evidemment, quand je dis véritable, je n'en sais rien au fond, pas encore né. Et même si je m'en souvenais, la mémoire peut tromper, mais tout cela n'importe guère, je ne suis pas médecin légiste. J'ai gardé de ma bisaïeule deux images, celles des beignets et quand elle conversait. La pièce était étroite et sombre, n'utilisons plus le verbe être. Partout, dans les buffets, étincellent les facettes des cristaux de Bohême. A la fenêtre basse où veillent des pigeons bleus, la cime d'un platane roux émerge des nuages ; pompons-clochettes, pampilles de graines au bout d'un fil, le vent d'octobre secoue ses jouets contre la vitre. Toujours ainsi je la revois, l'arrière-grand-mère, assise sur sa chaise au milieu de sa maisonnée. Le patriarche trône à l'écart, barbe blanche et vêtements sombres ; c'est elle, la présente, qui assure le lien, elle seule qui parle maintenant, je tends l'oreille. Je ne me rappelle pas son visage, j'ai des photos, un petit bout de femme, on dit qu'elle était jolie. La dernière fois, elle avait quatre-vingt-huit ans peut-être, je me souviens, une lumière de fin d'après-midi d'automne baigne les tapis sombres, un vrai Rembrandt. Elle est sourde de près, inutile de crier : plus la voix vient de loin, plus elle entend distinctement. C'est en yiddish qu'elle parle, j'ai su plus tard, écoute, écoute, j'ai beau tendre l'oreille je n'entends rien, je ne sais pas. Les aînés répètent ce qu'elle dit aux plus jeunes, les plus jeunes traduisent pour leurs propres enfants, à chaque génération un peu de sens s'altère, le sens se perd, bientôt nous ne saurons plus rien, enfin sauvés. Voilà ce qu'il me reste, si vous voulez savoir : trois mots cabalistiques d'un dialecte inconnu, défigurés de bouche en bouche, des espèces d'interjections. Trois bruits, trois borborygmes, c'est tout ce qui reste de la Langue, un vague ouï-dire, ouï-ouïr plutôt, ouï-ouï-ouï-dire personne ne sait plus quoi ; et l'image dont je suis gardien, blanche comme une vieille photo, plus pâle de jour en jour depuis que je la fixe, telle une estampe que la lumière efface — l'image déjà sans nom d'une vieille femme sans visage.

Je n'ai rien à cacher, n'ayant rien à révéler. Je peux le dire maintenant, je ne vois plus les Juifs de Plotzk. Je n'imagine plus le ghetto, ses foules sombres, ses places jaunes ; c'est cette histoire de lumière noire qui m'a détourné du récit, encore qu'elle en soit l'âme, mais vide, comme celle des hommes et des canons. Tout a dû commencer avec le début des malheurs, la grève des paysans, puis l'arrivée des Polonais. Le thème de l'holocauste, qui embrase beaucoup d'écrivains, me laisse complètement froid, esthétique non, plutôt éthique. Le mal est inimaginable, Satan n'est qu'une allégorie. Quand les Juifs Rouges eurent été battus, les Landauer, les Luxembourg, les Léviné, les Shapira, un peuple entier, banni par les nations, entra silencieusement dans une espèce d'inexistence. Dans ce glacis, ce *no man's land* confus qui stagne entre Volga et Rhin, des millions de *Luftmenschen* s'acclimatèrent peu à peu à l'idée qu'ils n'étaient désormais que buée et flammèches en sursis, fumée, cendres. C'est le moment, je crois, de rejoindre Larousse, une dernière fois avant la fin inachevable. En août-septembre 19, la Révolution est vaincue ; en 1920, les Français rembarquent, Weygand, de G..., avec Babou ressuscité. Ainsi fut sauvé l'Occident chrétien, Belles-Lettres y incluses, sans lesquelles ce roman-ci n'aurait jamais vu le jour ; la suite de l'Histoire de Pologne continue page 629.

Temra Sapir est restée dans la ville.

Jours et nuits, jours, jours, nuits jours et nuits, saisons, années.

Personne n'était là quand elle est partie avec eux, ce qui restait des hassidim de feu Yaakov fils de Sara. On parlait d'un tunnel conduisant en Terre Sainte. Je ne sais pas où elle s'en est allée, à Oswiecim ou Majdanek, quelle succursale. Qui sait, peut-être est-elle restée à Plotzk, peut-être qu'elle y est encore, ici, ailleurs ; à moins qu'elle n'ait jamais été, je ne sais pas, pas rencontrée, même pas une trace, ouï-dire, invention pure.

C'est de l'imaginaire, aussi, le feu, un rêve plutôt, calciné. Reb Sapir, ivre, a roulé sous la table : il a dormi toute la nuit, les Polonais sont venus le lendemain. Witold n'a pas voulu attendre, il a laissé l'argent, il est parti. Il neigeait ce matin, neige épaisse, neige bleue ; dès avant l'aube ils se sont mis en route, Mendel avec Rivka, Witold, David, les autres. En haut de la colline, l'orme aux surgeons était noir d'encre. Là où se croisent les chemins, entre les pattes de l'araignée, quelques bûches en cendres, vestiges d'un feu déjà ancien, traçaient une autre marque noire sur le fond enneigé des chaumes.

Personne n'a parlé à cette dernière halte. Je les imagine, les frères, debout en rond autour des cendres : bras tendus, mains grandes ouvertes dont les pouces se touchent presque, on dirait qu'ils se réchauffent à quelque foyer invisible. Ensuite, sans un mot, chacun a choisi son chemin. Mendel est parti le dernier, je vois Rivka à ses côtés : c'est elle qui s'est penchée pour cueillir une fleur, un bout de bois brûlé sans doute, deux doigts de cendre. Ils sont partis ensemble, par le sentier du colporteur, tandis que dans la vallée, une à une, les lumières de la ville s'allumaient en pâlissant.

....

Fin.

Fin, dit Witold, FIN.

Telle est ma façon de raconter, début de la fin, comment Mendel Léviné est entré dans la légende.

....

Mais non, bien sûr que j'ai menti, puisque je raconte. J'ai menti en racontant l'histoire de Sapir et Mendel. J'ai menti en écrivant le mot fin sous cette fin qui d'ailleurs n'en est pas une, non plus que ces mots, ni que ceux qui vont encore un certain temps suivre, à moins que je meure d'embolie avant d'avoir fini, avant de n'avoir pas fini plutôt, je continue. J'ai menti à l'instant, je veux dire à l'avant-dernier, à l'avant pas encore dernier, l'affaire Witold. Ce n'est pas Witold qui raconte, il a menti, c'est moi qui viens à l'instant de mentir, ce n'est pas lui qui a menti, c'est moi qui mens. Je ne mens pas, Witold n'existe pas, l'esprit du mensonge n'existe pas, c'est un mensonge. Notez bien, si vous avez des lettres, je ne suis pas Crétois, mais Juif. Je ne suis donc pas Juif, c'est un mensonge, c'est un nouveau mensonge, je le suis, non. Je vois, cela manque encore un peu de subtilité, je veux dire : je veux donc ne veux pas et veux dire c'est-à-dire ne pas dire mais dire pourtant que je crois et ne crois pas, donc crois (peut-être en quelque sorte) que l'« esprit » « juif », si j'ose et n'ose pas le dire sans le dire, est tout entier, donc partiellement, dans ce « mouvement » de « va-et-vient » entre juif-juif et juif-non-juif, pour abréger. S'il y a parmi vous des antisémites, derechef qu'ils le disent. Mais laissez-moi d'abord finir, laissez-moi donc ne pas finir, j'abrège j'abrège, avant d'émettre vos critiques ; laissez-moi, dis-je, vous expliquer ce que je cherche à dire et dont je n'ai pour l'heure pas la moindre idée, là je mens, alors que je sais bien qu'il va falloir que je m'arrête. Je n'ai presque pas fini et je n'ai encore rien dit : l'étude commence à peine, un prolégomène plutôt, j'entends déjà dans le couloir le pas des moustachus. Foutu. Ils viennent pour m'arrêter, tôt ou tard c'est inévitable, dans un jour ou deux je serai à l'ombre, au soleil plutôt, comme Nathan, les grandes vacances quoi, juillet. Je sens, là je remens, je commence à sentir que je vais passer de peu à côté du Goncourt. Un rabbin. Je n'aurais pas dû me moquer de Babou. Seul, au point où j'en suis, un grand Rabbin pourrait m'aider à démêler cet écheveau — mais non, mais non, je viens de mentir, personne d'autre, évidemment que je suis seul à raconter, quelle question.

Je le vois bien, maintenant, enfin.

J'en étais sûr dès le début.

Je ne saurai jamais ce que ma bisaïeule a dit, au soir du 12 octobre 1952.

Je ne saurai jamais, personne ne pourra jamais dire la vérité sur Reb Sapir.

Plus j'avance sur mon chemin, avance à reculons vers un possible que nul ne voit, plus je sens que le puits se creuse, là, sous mes pieds, au fond de mes yeux.

Mendel n'est pas tombé sur le chemin de la montagne. Mendel marchait droit devant lui, sa tradition était devant. Reb Sapir, la nuit des signaux, avait devancé le présent :

c'est là que réside le miracle, ce que je ne peux pas expliquer, mais que je peux encore raconter, en inventant.

Mendel, donc, marchait droit devant lui. Moi, le contraire. J'ai dit, pour simplifier, j'avance à reculons. Je devrais aussi dire : recule à avançons. Il y a Mendel, certes, mais il y a aussi Sapir ; une montagne a deux versants, mon récit deux sens, vide supra. Je croirais même volontiers (sans connaître la dialectique) que toute chose à dire, en passant dans les mots, tend nécessairement à se dédoubler, chien et chat. Si je dis, par exemple, que j'ai narré toute cette histoire pour sauver de l'oubli quelques traces d'existence, ce qui semble d'abord juste, aussitôt il me faut affirmer l'idée contraire : puisque je mens, seules ces traces subsistent, oui, trois fois rien, mais ce sont elles qui me gardent, elles qui sauvent mon récit. Ainsi, et/ou comme écrivent ceux qui savent, j'avance et recule à la fois, comment dire, en somme je suis en train d'arevanceculer. J'arevancecule, donc, à raveculançons, et derdevantrière moi mes yeux qui vont faiblir fixent obstinément l'œuf rouge d'un soleil, *altneu* comme la choule de Prague et le peuple juif, dont je peux dire maintenant qu'il se coulechève.

Le crépuscule.

Voici le seul mot français précis, seul équivoque. C'est l'heure du crépuscule pour tous,

Sapir, Mendel. Ta langue double est un Golem, o grand Rabbi Alfred Rachi : du heurt de oui et non ne jaillit aucune lumière. Consolateurs de l'aravantrière-garde, vos jouets sont sans âme, vos tuyaux sont déjà crevés, votre langue morte. Votre culture ancienne-nouvelle n'est qu'un musée du bricolage ; on protège les œuvres d'art et l'homme gît dans la poussière — j'aime mieux le pire échec que cette réussite fausse.

C'est l'heure du crépuscule pour mon récit, maintenant. Demain le jour, demain la nuit, la table mise, nappe de neige. Une femme allume les chandeliers, est-ce Temra ou Rivka, je ne sais pas, je ne sais pas, la mère de Haïm ou bien ma bisaïeule ; elle a les mains blanches et rougies, un visage sans traits, des yeux noirs. Temra et Rivka ne font qu'une, une image sans épaisseur, une femme jeune et sans âge, belle n'est pas le mot, ce seul geste.

Il fait clair à présent, je vois le Livre, l'homme qui lit. C'est Sapir ou Mendel, aussi bien moi peut-être, et vous. Celui qui lit n'existe pas, c'est l'acte de lire qui compte.

Fin, dit Witold, fin de la fin, début du début, je commence.

La table mise, nappe de neige dans la lumière jaune, le mur sombre.

Derrière la porte il y a un puits noir. Creuse, creuse. Encore un peu plus bas peut-être, et c'est l'abîme : l'infini du sans-fond, l'abîme de l'abîme où Il s'est retiré depuis que le monde existe, où il s'est exilé pour que le monde soit, où à chaque seconde, entre deux atomes d'instants, il se retrempe, aux sources de son propre néant, et disparaît, afin que par le sacrifice toujours renouvelé de sa présence, le temps continue à vibrer et que les fragiles vivants ne sombrent pas de but en blanc, avant d'avoir rendu leur son, dans la fosse commune de son éternité.

Voilà, maintenant je dis voilà, voilà-voilà, le début du début enfin proche, à la fin.

C'est pour le voir que j'ai creusé, de quatre lignes à deux cents pages, ce puits de Babel du récit, cette citerne d'Orviéto ; des commentaires sur une histoire qui commentait une anecdote, laquelle rénove la tradition, donc la Thora, creuse plus bas : la loi orale soutient la loi écrite, au sans-fond du sans-fond brûle un feu noir. Je n'ai rien vu. Il n'y a pas là-bas de nappe souterraine, seulement de l'absence et de l'obscurité. Il n'y a rien à dire du néant, rien à dire sur l'énigme des lumières invisibles. C'est un leurre. Ce n'est pas Dieu qui est sacré, c'est le pouvoir de commenter, c'est l'homme.

Je crois qu'il est temps pour nous de quitter les Juifs de Plotzk.

Leur intrigue n'a plus de mystère : elle est tout entière dénouée. Maintenant seulement nous pouvons la raconter ; c'est l'histoire d'un vieux tzaddik que les Polonais ont tué parce qu'il avait, prétendait-on, communiqué avec les Rouges au moyen de signaux secrets. Ceci n'est que le début de l'histoire. Il y avait aussi un jeune Juif nommé Mendel ; sa femme s'appelait Rivka, c'étaient des révolutionnaires. Les goyim, parce qu'ils sont ignorants, ont accusé le tzaddik de magie. La conception vulgaire du miracle est en cause. Le miracle n'est pas le passage du blanc au noir, du connu à l'inconnu, du possible à l'impossible, mais l'inverse. Le vrai miracle, selon la tradition, consiste à aller de l'avant : il faut profaner le sacré pour que le vrai devienne réel. Sapir, à son époque, n'a donc pas agi autrement qu'Abraham sortant de Charan, ni même, premier exemple, que l'Eternel créant le monde.

Cela, comme c'est étrange, Reb Sapir l'a su avant moi. Il est monté sur la colline, il a fait son feu, simplement, alors que j'en étais encore à m'interroger sur l'énigme. Il m'a devancé, comme Mendel, *mes personnages m'ont devancé.* — Mais alors, faut-il en déduire que le Golem était né viable ? — Je crois comprendre soudain : c'était le fils de Frankenstein. Le savant fou a enlevé Rabbi

Loew pour lui faire dire ses secrets. Mais le vieux Juif, aussi matois qu'Ulysse, ne les lui a pas tous livrés.

— Comment appellerons-nous l'enfant ? dit Frankenstein.

— Homoncule, répond le grand Rabbi, elle est bien bonne.

Ainsi est né l'Occidental moderne ; improvisé sans plan, *moderne,* mais pas nouveau.

— Pourquoi cet apologue ? me demande Théétès.

— Pour expliquer, lui répondrai-je, quelles auront été « finalement » les voies de mon récit,

POSTFACE :

Je parle de très loin, je viens de très loin, d'ici même.

Je parle en plein oubli, je viens du monde de l'oubli.

L'histoire que je raconte, elle, est venue jusqu'à nous : c'est une histoire qui entre dans l'Histoire, une histoire vraie.

Je suis parti de rien, je suis allé vers elle : après bien des détours, en suivant à l'envers le chemin de Mendel, j'ai fini par la croiser, quelque part sur une colline. Là-haut, j'ai rencontré les traces de Sapir : trois bûches noires, néant, deux doigts de cendre.

Je me suis retrouvé en bas, au fond du

puits ; j'ai découvert le point d'où le vieux tzaddik est parti. Maintenant, oui, maintenant seulement je peux le dire, c'est le néant ; mais ce néant n'est pas le rien, avant je ne pouvais savoir.

Cela, Mendel l'avait compris, non, pas Mendel, seule Rivka. Mendel était un homme, un discuteur comme moi, un peigne-mots. Mendel vivait dans le noir, comme Sapir, comme Nathan. C'est Rivka, je l'ai vue, qui a allumé les chandelles. Elle seule était blanche, la lumière de Rivka, blanche comme était blanc le feu que virent les Russes, un simple feu de branchages noirs dans la nuit noire.

Voilà, je dis voilà encore, oui mais voilà, maintenant je suis réconcilié avec Witold.

« Quand le Baal-Shem-Tov, raconte une histoire hassidique, quand le premier des Maîtres voulait faire un miracle, il allumait un feu dans une forêt, et priait.

A la seconde génération, on ne savait plus faire de feu ; quand le Maguid de Mezeritch voulait accomplir le miracle, il se rendait dans la forêt et disait les prières.

Plus tard encore, on oublia le texte des méditations. Quand Moshe Leib de Sassow voulut à son tour agir, il alla simplement dans la forêt, à l'endroit dit.

Quant à nous, dit Rabbi Israël de Rizhin, nous qui ne connaissons plus l'art de faire le feu, ni les paroles des prières, ni même l'emplacement de la forêt — *nous pouvons encore raconter cette histoire.* »

Elle est étrange, cette histoire. C'est une histoire sur une histoire. Il n'y a pas de raison de s'arrêter, j'ai continué. L'invention, mon cher Witold, n'est pas une suite de mensonges, mais l'émanation évidente d'une vérité invisible. Il y avait une fois, en Pologne, une petite vieille qui vendait des pommes aussi vilaines qu'elle. Elle s'en alla se plaindre au Baal-Shem-Tov :

— Rabbi, dit-elle, je n'arrive pas à vendre mes pommes.

— Et pourquoi donc ?

— Elles sont moches, répondit-elle, elles sont vieilles, je n'ai plus d'argent.

— Tu vas voir, dit le Baal-Shem-Tov, et il attrapa son panier. « Qui veut mes pommes ? qui veut mes belles pommes ? Hoho, comme elles sont belles, mes pommes ! »

En moins de deux, le panier était vide. La pauvre vieille n'osait pas prendre l'argent :

— Mais Rabbi, vous avez menti, dit-elle au Besht, et mentir est un péché !

— Non, je n'ai pas menti, répondit en riant le Maître. Elles étaient belles, tes pommes — *mais tu ne le savais pas.*

....

....

....

Neige, neige et neige, crépuscule du matin. Sapir était vêtu de noir : noir sur fond blanc.

La neige était tombée toute la nuit, une brume épaisse ; on aurait dit, tant ses traits étaient drus, que la terre, radeau plat, montait à sa rencontre, qu'à la longue elle étoufferait sous ce drap de poussière épaisse. Quand les soldats le mirent en joue, sa silhouette n'était plus qu'une ombre, une forme grise dans le flou. Ils l'ont tiré de très loin, sans viser vraiment, non, dans le tas, on ne peut pas appeler ça une salve, je n'entends rien. Je ne l'ai pas vu tomber, il a dû s'effondrer plutôt, ou se dissoudre, poussière sur poussière, est-ce que c'est ça la mort d'un homme ? Je ne sais pas, je n'ai rien vu, je n'y suis pas, je ne sais pas. Trois taches vermillon sur fond bleu-blanc, tableau abstrait. Il est mort comme ça, la trace rouge pâlit, neige sur neige. Je ne sais pas, je ne vois plus, ceci n'est pas la fin, la neige tombe. Ceci n'est pas la fin, neige neige, traits effacés, CECI N'EST PAS LA FIN, CECI N'EST PAS LA DERNIERE PHRASE.

Paris, mai - juillet 1975

Impression réalisée sur CAMERON par
BRODARD ET TAUPIN
La Flèche

pour le compte des Éditions Stock
en mars 1995

Imprimé en France
Dépôt légal : Mars 1995
N° d'édition : 6683 – N° d'impression : 1314 L-5
54-02-4471-01/6
ISBN : 2-234-04471-5